「赤旗」は、言葉をどう練り上げているか

しんぶん赤旗校閲部 河邑哲也

新日本出版社

まえがき

このたび、日本共産党発行の雑誌「月刊学習」に連載している「言葉の現場から」を、『「赤旗」は、言葉をどう練り上げているか』というタイトルで出版することになりました。連載開始は二〇〇八年四月で、現在も連載中です。

「しんぶん赤旗」（以下「赤旗」）の校閲部では、毎日の紙面づくりで、「言葉遣いは正しいのか」「間違った字ではないのか」など悪戦苦闘しています。読者からも、この言葉の由来は？　どういう使い分けなのか？　誤用では？　などさまざまな声が寄せられます。それらの声にもとづいて、どういう言葉遣いが正しく、多くの人に共感が得られる表現かを考えています。

多くのメディアは、防衛費、普天間飛行場、ホワイトカラー・エグゼンプションなど、政府の言い分どおりに伝えますが、「赤旗」は、軍事費、普天間基地、残業代ゼロなど、具体的内容に即した用語に言い換えます。これは「赤旗」が真実を伝え、政治と社会の行き詰まりを打ち破る展望を示し、希望を運ぶ新聞だからです。

一方で、ひとりよがりの言葉や難しい言い回し、間違った使い方では、読者には伝わりません。そのため、読者の声に耳を傾け、他の新聞や国語辞書、文化庁の「国語に関する世論調査」（以下国語調査）などで、どのような使われ方をしているのかも参考にしながら、正確でわかりやすい言葉で伝えるようにしています。

本書をきっかけにして、「赤旗」をはじめとするメディアをより深く味わっていただければ幸いです。

二〇一五年九月

しんぶん赤旗校閲部　河邑　哲也

※今回、本にするにあたって、「言葉の現場から」を再編集し、一部書き改めました。

目次

第一章　昔の名前で……

■入籍

テレビやスポーツ新聞などではよく使われている言葉ですが、一般の新聞を注意深く読んでいるとあまり出てこない言葉があります。

芸能人などの結婚報道で使われる「入籍」です。婚姻届を出すことを「入籍」としていますが、新聞では基本的に「入籍」とは書きません。

この言葉は、戦前の民法や戸籍法に基づいての使われ方で、相手方の家の戸籍（家長＝戸主が統率する「家」制度）に入ることから「入籍」とされてきました。

戦後の新しい憲法のもとで改正された民法・戸籍法では、結婚の場合に「入籍」という手続きはありません。現在の戸籍法では、「婚姻の届出があったときは、夫婦について新戸籍を編製する」（第一六条）としています（ただし養子縁組などの場合は「入籍」になります）。このため「赤旗」でも、結婚の場合は「入籍」とせず、「婚姻届を出した」「結婚した」などと書くことにしています。

このように、戦前の制度にともなう言葉が、戦後の民主的な憲法のもとでも無批判に使われている場合があります。

■市会

そのもう一つが「市会議員」です。「国会議員」にならって使われているのではありません。

「市会」を国語辞書で調べると「①旧制で、市制に基づく市の議決機関②市議会の通称」（広辞苑第六版、二〇〇八年、岩波書店、以下広辞苑）となっています。

「市制」とは、一八八八年（明治二十一年）に制定された法律で、市の構成・機能を定めたもの。「市会」の呼称はこの法律にもとづいています。戦後、地方自治法の制定により「市会」は廃止され、「市議会」と変わりました。「県会」「町会」も同様です。

しかし、いまでも「市会」と呼んでいる市があります。横浜、名古屋、京都、大阪、神戸の五政令指定都市です。これらの五市は昔の名称を変更せずにいるようですが、「赤旗」では「市会だより」などの固有名詞を除いて「市議会」とするのが妥当だと考えています。

■首班指名と首相指名

国会で首相を選ぶとき、テレビで政治家などが「首班指名」といったり、「首相指名」といったりしますが、違いはあるのでしょうか。

首班とは「第一の席次」のことです。戦前の内閣制度の運用を決めた「内閣官制」では「内閣総理大臣は各大臣の首班」と定められていました。首班指名は、これに由来する言い方です。

明治憲法には内閣や総理大臣の規定はありませんでした。「国務各大臣ハ天皇ヲ輔弼《ほひつ》シ」と、各大臣同格で、天皇を補佐する責任を負っていました。

日本国憲法は、「内閣は……その首長たる内閣総理大臣及びその他の国務大臣でこれを組織する」と定めています。首長とは「行政機関の最高責任者」のことです。「内閣の首長」たる総理大臣は、戦前のような「同輩中の首席」ではありません。国民主権、議会制民主主義を前提にして、国務大臣の任免権、行政各部への指揮権など、大きな権限が認められています。

これらの変化を踏まえ、新聞では首班指名を使わず、首相指名としています。なお外国の記事の場合は別扱いで「首班指名」も一般用語として使うこともあります。

■祝日と祭日

戦前からの言葉の名残の一つに、「祝祭日」もあります。新聞では「祭日」は使わず、「祝日」や「休日」とします。

戦前の祝日は、四方拝（一月一日）、紀元節（二月十一日）、天長節（四月二十九日）、明治節（十一月三日）の四つと、皇室の大祭が行われる「大祭日」として、春季皇霊祭、神武天皇祭、秋季皇霊祭、新嘗祭《にいなめさい》など八つを合わせた十二の祝祭日がありました。

戦後は、国民主権のもといわゆる天皇が主役の祝祭日が廃止され、「国民こぞって祝い、感謝し、記念する日」として、憲法記念日やこどもの日、敬老の日など「国民の祝日」を定めたのです。

なにげなく使っている言葉にも、戦前の天皇制国家の名残があります。言葉の使い方にも、国民主権の立場から常に考えていくことも大切だと思います。

第二章 「赤旗」らしさ

■慰霊碑

「安らかに眠って下さい　過ちは繰返しませぬから」——広島の平和記念公園にある原爆碑の碑文です。この碑を一般の新聞は「原爆死没者慰霊碑」と書きます。正式の名称は「広島平和都市記念碑」です。

「赤旗」ではこれを「慰霊碑」とは表記せず、「原爆碑」または「原爆記念碑」と書きます。「慰霊」とは、死んだ人の霊魂をなぐさめることです。この言葉は「英霊」と同様、明治から昭和の戦争期に多く使われだしました。

そもそも「霊魂」が浮遊するというのは神道特有の概念で、認めていない宗教はたくさんあります。

「慰霊」については『日本共産党と宗教問題』（一九七九年、日本共産党著、新日本出版社）のなかの「宗教について語る」（蔵原惟人《これひと》）で、次のようにのべています。

「『慰霊』とか『英霊』とか言うのは、これはもともと国家神道からきた言葉ですから、公式には使うべきではないと私たちは考えています」

「赤旗」では「慰霊」は使わず、「追悼」などとしたり、言い換えが難しい場合はカギかっこをつけて表記しています。

■柱《はしら》

遺骨の数を表す助数詞に、「柱」が使われることがあります。国語辞書の大辞林第三版(二〇〇六年、以下大辞林)では「死者の霊を数えるのに用いる」とあり、いくつかの辞書では造語として「日本古来の神や神体・神像、また遺骨をかぞえる語」「神・位牌・遺体・遺骨などを数える語」などとしています。

靖国神社が発行していたリーフレット「やすくに大百科」にも次のように記述されていました。

「神さまの数をかぞえる時は、ひとりふたりではなく、ひと柱、ふた柱、と呼びます」

「柱」は神道固有の用語なのです。NHK放送文化研究所編の用語集『ことばのハンドブック第二版』(二〇〇五年、日本放送出版協会、以下NHKの用語集)でも、遺骨の数をかぞえる助数詞は「体・(柱〔ハシラ〕神道の場合)」としています。

「赤旗」では「柱」は使わず、「遺骨○体が発見された」などと書くようにしています。

■です・ます

「赤旗」は文体を「です・ます」にしていますが、いつからですかという質問が時々きます。

初めて「です・ます」にしたのは、題字が「アカハタ」の時代で、一九六二年五月一日付の「主張」からです。「きょうは第三十三回メーデーです」が書き出しでした。六五年の元日付からスポーツ面を除いて、原則「です・ます」に移行しました。

これは「アカハタの文章は堅い」という読者の声をうけて、わかりやすく、親しみやすくするために採用したものでした。

中日新聞（東京新聞）が日曜日や祝日などの社説で、他の新聞では社告や訂正文などを「です・ます」にしています。しかし紙面全体で「です・ます」にしているのは「赤旗」だけです。

■いっせい地方選挙

二〇一五年は「いっせい地方選挙」の年でした。メディアはこれを「統一地方選挙」と呼んでいますが、なぜ「赤旗」は「いっせい地方選挙」と書くのですか、という質問もあります。

これも歴史が古く、日本共産党が発行する雑誌、『議会と自治体』（一九六二年十二月号）で次のように解説しています。

「商業新聞などではこれ（＝地方選挙）を〝統一選挙〟といっていますが、〝民主勢力による選挙＝統一選挙〟とまぎらわしいので、われわれはこれをいっせい選挙とよんでいます」

当時と現在では事情は違いますが、定着した用語として、「赤旗」では「いっせい地方選挙」としています。

■子ども

「子ども」「子供」「こども」と書き方はいくつかありますが、「赤旗」では「子ども」を基本にしています。

これは、戦後の民主主義と人権の運動のなかで定着してきた、子どもは、戦前のように、おとなの「お供」でも、神仏の「お供え」でもない、人権をもった人間だ、という考えにもとづいています。この流れを「赤旗」も引き継いでいます。

第三章　どういう意味なの？　本来の意味とは違う言葉

■「ぶぜんとする総理大臣」――さて、総理大臣の表情は？

①むっとしている　②がっかりしている

――どちらでしょうか。

正解は②です。「むっとして腹を立てている」様子を表す言い方としてよく使われる「ぶぜん」ですが、もともとは全く違う意味の言葉なのです。

漢字の成り立ちから見てみましょう。「ぶぜん」を漢字で書くと、「憮然」です。「憮（ブ・ム）」を分解すると、「立心偏」に「無」です。「立心偏」は感情を表す部首です。それに「無」がついて「心がなくなる、失意する、がっかりする」の意味を持ちます。漢字本来の意味は、腹を立てているのではなくて、がっかりしている様子を表す言葉なのです。

しかし多くの人が腹を立てていると理解しています。二〇〇七年度の国語調査でも七割の人が「むっとした」表情を思い浮かべました。

なぜこのような誤解が生まれたのでしょうか。

「ぶ」は、「ぶすっとして答えない」の「ぶ」や、無愛想、武骨の「ぶ」など、不機嫌さや荒々しさを伴う音を連想させます。そこから「むっとした」意味にとられるようになったのではないでしょうか。

「近年、俗にむっとする意にも使う」（明鏡国語辞典第二版、二〇一〇年、大修館書店、以下明鏡）などと注釈を入れる国語辞書も出てきました。大辞林では第二版から「思いどおりにならなくて不満なさま」の語釈を掲げるようになっています。ここまで広がると誤用とはいいがたいですが、逆の意味にもとられかねないので別の表現を工夫することが必要でしょう。

■「破天荒な性格だ」――みなさんはどのような人を思い浮かべますか？

①自由奔放な人　②型破りな人

テレビドラマなど、型破りで自由奔放な主人公を「破天荒な性格」と表現することがあります。「豪快で大胆な様子」を表す言葉として使われますが、実は正解は②の型破りな人という意味です。

「破天荒」は中国の故事から生まれた言葉です。唐の時代に、官吏登用試験である科挙の合格者がでなかった州を、未開の荒れ地を意味する「天荒」と呼んでいました。ようやく合格者がでたことを、「天荒」を破った、つまり「破天荒」と言うようになりました。このように「誰もなしえなかったことをすること」が「破天荒」なのです。ですから「破天荒」は「性格」とは結びつかず、「破天荒の大事業」などのように使われる言葉でした。

しかし多くの人は「破」「荒」のイメージから、本来の意味と違うとらえ方をしています。二〇〇八年度の国語調査では六十四パーセントの人が間違えており、四十代以下では七割を超えていました。

最近の辞書には「無鉄砲・奔放の意で使うのは誤り」（明鏡）、「単に豪快で大胆な性格の意に用いるのは誤り」（新明解国語辞典第七版、二〇一二年、三省堂、以下新明解）と注釈をつけるようになってきました。

一四年の三省堂国語辞典第七版（以下三省堂）では俗語として「型破りで豪快なようす」も載せています。

■「姑息な手段だ」とは、どんな手段なのでしょうか？

①卑怯な手段　②一時しのぎの手段

「姑息な手段だ」など、卑怯の意味で使われることの多い「姑息」。本来は②の「一時しのぎ」を指す言葉です。「姑」は「しゅうとめ」などのほかに、「しばらく。とりあえず」の意味があります。「とりあえず息をつく」ことからきています。

二〇一〇年度の国語調査では、七割が「卑怯な」と答え、十年前の調査と同じ結果でした。辞書でも「現代では誤って『卑怯である』という意味に使われることが多い」（大辞林）、「俗に、『やり方が卑怯だ』の意にも用いられる」（新明解）としています。

この意味の変化は「一時しのぎ」な態度が、「卑怯な態度」と受け取られることや、「こそこそする」などの連想からきているのでしょう。「あんな汚い手を使うなんて、なんて姑息な奴だ」のように使われれば、どうしても「卑怯な」と受け取ってしまいます。

■「彼はやおら席を立った」「彼女はおもむろに話しだした」

「やおら」「おもむろ」は同じ動作を意味します。

①急に　②ゆっくりと

——どちらでしょうか。

「彼はやおら席を立った」の「やおら」。「急に、いきなり」と思う人が増えていますが、正しい意味は②の「ゆっくりと」です。「やおら」は「やわら（柔ら）」が語源といわれ、「ゆっくり」という意味を持つようになりました。

二〇〇六年度の国語調査によると、四割以上の人が「急に」と理解しています。とくに五十代までは五割前後になり、若い世代ほど、間違って使う人が多いようです。国語辞書では「『急に』『突然』の意味で用いるのは誤り」などと注釈が入るようになりました。俗語としても「急に」の意味での使用はまだ認められていません。

「おもむろに」も「ゆっくりと」という意味です。漢字では「徐に」と書きます。「徐々に」なら「ゆっくり」という意味が分かりやすいのですが、これも「急に」と思う人がいます。「急に」の意味では「いきなり」「やにわに」「だしぬけに」などの言葉があります。

日本語には、誤解や混同を生みやすい言葉がたくさんあります。そのことを意識しなが、ら、正しく使っていくことが大切でしょう。

■こだわる

「こだわりの味」「本物にこだわる」のように、強い思い入れのある様子をあらわすのに用いる「こだわる」ですが、もともとは良くないことに使われる言葉でした。「そんなことにこだわるなよ」などと今でも使われます。この「こだわる」は、「ささいなことにとらわれる」意味で、「拘泥《こうでい》」のことです。

それが今は良い意味にも使われています。二〇〇一年度の国語調査によれば、「良い、悪い」の両方の意味として使う人が四割を超えています。小型の辞書には「とことん追求する」の意味で載るようになってきました。

■恣意《しい》的

二〇一〇年に改定された常用漢字に新しく入ったものの、新聞では難読と思われるいくつかの漢字には、当面読み仮名をつけることにしています。その一つが、「恣意的」です。「赤旗」もよく使う言葉ですが、明鏡によると「思いつくままに物事をするさま」として、次のような注意書きがありました。

「意図的（＝あるもくろみをもって行うさま）の意で使うのは誤り」。この記述を見て驚く方もいるかもしれません。私も「ある意図をもったこと」だと思っていました。

他の辞書をみると「その時々の思いつきで物事を判断するさま」（大辞林）、「論理的に必然性がないさま。自分の好みやそのときの思い付きで行動するさま」（広辞苑）で、「意図的」の意味はありませんでした。

「恣」は「ほしいまま」という意味で、本来は「勝手気まま」ということです。「自分勝手な考え」で行動されたら、他人には「意図的なたくらみ」と勘繰られがちです。そのため意味が広がってきているのかもしれません。

■きわめつけ

「悪政のきわめつけは、後期高齢者医療制度です」――「きわめつけ」は「極み」「最たるもの」という意味で使われています。

「きわめつけ」は以前は国語辞書にも載っていませんでした。もともとの言葉は「きわめつき」です。漢字で書くと「極め付き」。「極め」とは「極書《きわめがき》」のことで「書画などの鑑定の証明書」をさします。その鑑定書が付いていることから「定評のあるたしかなもの。折り紙つき」の意味を持つようになりました。

それが、「極限」「極度」の意味を表す「極める」から類推して使われているのだと思います。三省堂には俗語として「もっともすごい例」で載るようになりました。

■時を分かたず

二〇〇八年度の国語調査で、本来の意味とは違う意味で使われる言葉として「時を分かたず」が取りあげられていました。

「事件の後には、時を分かたず、厳重な警備が行われた」を「すぐに行われた」と答えた人が六割台半ばで、どの年代でも共通していました。正しくは「時の区別がない」ということから「いつも」という意味です。

これは「すぐに」を意味する「時を置かず」と混同しているからではないでしょうか。

■煮詰まる

議論や意見が十分に出尽くして、結論の出る状態になることを「煮詰まる」といいますが、最近では「行き詰まって結論が出せない状態になること」と、逆の意味にとらえる人が増えてきています。

二〇〇七年度の国語調査によると、四十代を境に回答が逆転し三十代以下では圧倒的に「行き詰まる」と回答しています。年代によって解釈が逆になるため、注意が必要な言葉です。

一三年度調査では、四十代以下は〇七年度からみると減ってはいるものの、五割を超えて本来の意味と違った使い方をしています。明鏡は「近年、『議論が行き詰まる』の意で使うのは俗用で、本来は誤り」、新明解は「問題の解決処理に行き詰まる意に用いることもあるが、誤り」、三省堂には「(俗)考えが行きづまって、頭がはたらかなくなる」などの記述があります。

■他力本願

「ちょっと『他力本願』なところがあるけれど」の「他力本願」は、「他人の力をあてにする」という怠けた意味に感じませんか。しかしこれも本来の意味とは違っています。

仏教で、「阿弥陀仏(=他力)がすべての人の救済のために成仏を願うこと(=本願)」からできた言葉で、「他力」とは「他人の力」ではなく、阿弥陀如来の力のことといいます。

多くの辞書も本来の意味のほかに「転じて、他人の力をあてにすること」としています。以前、首相が「他力本願ではダメ」と「他人まかせ」の意味で使い、浄土真宗本願寺派が誤用しないように申し入れをしていました。

新聞の用語集では「なるべく使わない」としています。「赤旗」も「他力依存」や「人まかせ」など、分かりやすい表現を工夫するようにしています。

■豹変《ひょうへん》

「彼の態度が豹変した」というと、穏やかな態度が一変することを指す言葉ですが、「豹変」はもともとは良い方へ変わることを指す言葉でした。

中国の儒教の「易経《えききょう》」にある「君子豹変す」からきた言葉です。君子は過ちがあれば速やかに改め、そのようすはまるで、動物の豹《ヒョウ》の毛が生え替わるときの斑紋《はんもん》がハッキリとしていく姿であることから、鮮やかに面目を一新する意味を持ちました。

それが今では「一変する」意味として、悪い方に変わる場合に使われるようになりました。自民・公明政治はいやだという国民の声を受けて誕生した民主党政権。その後の裏切りを「民主豹変」と「赤旗」も見出しにして報じたことがあります。この使い方は、まさに悪い方への変化を言い表したものでした。

■確信犯

悪いことと分かっていながらわざと行うことを「彼は確信犯だ」と言いませんか。本来の意味は「政治的・思想的・宗教的な信念に基づいてなされる犯罪」のことで、「思想犯、政治犯」を指しました。当然、本人は悪いこととは思っていない行為を指すのです。岩波国語辞典第七版新版（二〇一一年、岩波書店、以下岩波）は、「一九九〇年ごろから、悪いとは知りつつ（気軽く）ついしてしまう行為の意に使うのは、全くの誤用」と書いています。

しかし二〇〇二年度の国語調査でも約六割が本来と違う意味で答えています。大辞林では「ある行為が問題を引き起こすことをあらかじめわかっていながら、そのようにする人」の意味を載せるようになりました。新しい使い方が辞書でも主流になっていくことでしょう。

■至上命題

新語ではなく、以前からよく使われているのに、国語辞書には出てこなかった言葉もあります。「温暖化対策は人類にとって至上命題だ」の「至上命題」です。

「どうしても達成しなければならない課題」の意味で使われていますが、「至上」にも「命題」にもそういう意味はありません。

「至上」とは「この上ない。最高。最上」という意味です。「命題」とは「戦争は悪である」というように「判断を言葉で表したもの」です。真か偽かということはできますが、上下の区別はありません。「課題」という意味も本来はありません。

新聞の用語集でも、「至上命題」は言葉としてはおかしいので、「至上命令」や「最重要課題」などと書き換えるようにしています。

近年になって、三省堂に、「〔あやまって〕至上命令。最重要課題」と載りました。

■息づく

共同通信が刊行する『記者ハンドブック』の第九版（二〇〇一年）までは、「息づく」は「苦しい息をする。（比ゆ的に）静かに息をする」とあり、「息吹く」と区別して使いなさい、と書かれていました。「息づく」を漢字で書くと「息衝く」で、「ぜいぜいと苦しい息をする」ことです。

広辞苑第二版（一九七六年）も「①苦しい息をする。あえぐ②ため息をつく。なげく」の意味だけでした。しかし第三版（八三年）になると、「息をする。呼吸する」が登場、第四版（九一年）では「生きている」が加わり、「伝統が息づいている」の用例が載るようになりました。

今では「憲法が息づく街に」など「生き生きと存在する」意味で普通に使われています。

■「あまりにもうがった見方だ」とはどんな見方？

①的を射た見方　②せんさくした勝手な見方

――どちらでしょうか。

「うがつ」は漢字で書くと「穿つ」となります。「穴を開ける」ことです。そこから「本質を突いて的確に言い表す」意味を持ちます。国語辞書でも「ほんとうの姿をとらえる」など「プラス評価で使う」言葉としています。

このように本来は①の「的を射た見方」が正解です。しかし実際には「勝手なせんさく」の意味で使う方が多い。二〇一一年度の国語調査でも「疑って掛かるような見方をする」人が五割近くに達しています。広辞苑も「せんさくする」意味も載せるようになってきています。

■なし崩し

国語辞書を見ていると、「あれっ」と思うことがあります。たとえば、「なし崩し的に原発の運転を再開しようとしている」のように使われる「なし崩し」です。辞書には「借金を少しずつ返していくこと」と書いてあります。そこから「ものごとを少しずつ処理する使われています。

しかし最近では、「ずるずると時間をかけて既成事実をつくっていく」のような意味でこと」として使われています。

親に借りたお金を「なし崩し」にする、の本来の意味は「少しずつ返済する」ことですが、今では「借金返済をずるずる引き延ばして無しにする」ようにも取られかねません。

漢字では「済し崩し」と書きます。この「済し」は「返済する」ことです。けっして「無し」にすることではないのです。

■「濡れ手で粟」？「濡れ手に粟」？

「苦労せずに多くの利益を得ること」を意味する「濡れ手で粟」。「額に汗して働く労働者より、濡れ手で粟のもうけを手にしている大株主を優先する自民党」などと使います。

最近「濡れ手に粟」も使われます。以前は「濡れ手に粟」は間違いとされていましたが、広辞苑をはじめいくつかの辞書に載るようになってきました。

もともとは「濡れた手で粟をつかむと粟粒がたくさんくっついてくる」ことから生まれた言葉で、「濡れ手で粟をつかむ」「～のつかみどり」「～のぶったくり」という成句になります。

しかし日本語大辞典によると「濡れた手には、粟がたくさん、たやすくつく」ところから「濡れた手に粟がくっつく」→「濡れ手に粟」という言い方も生まれてきたようです。新聞では、一般的な「濡れ手で粟」を使います。「濡（ジュ）」「粟（ゾク）」は常用漢字ではないため「ぬれ手であわ」と書きます。これを「ぬれ手で泡」とするのは誤りです。手洗いは大事ですが、「泡」ではもうけにはなりません。

■もり立てる

「投手をもり立てる」をよく「盛り立てる」と書くことがありますが、本来の表記は「守り立てる」です。「守り育てる」意味から「守」の字を使いますが、「も」の読みが常用漢字にはないため、新聞は「もり立てる」と書きます。

辞書には「力を発揮できるように支援すること」や「衰えたものをふたたび盛んにする」の意味もあります。新聞の用語集では「盛り立てる」は誤用としていますが、日本国語大辞典第二版（二〇〇〇年、小学館、以下日本国語大辞典）では「盛り立てる」の表記も認めています。三省堂は「守り立てる」とは別に「もりあげる、さかんになるよう助ける」意味で「盛り立てる」を見出し語にしています。

■たわわ

収穫の秋によく目にする言葉に「たわわ」があります。「たわわに実ったリンゴ」のように使われますが、本来は「たくさん実った」ことを指す言葉ではありません。では「たわわ」とは何のことでしょうか？

「たわわ」の語源は「たわむ」です。漢字で書くと「撓む」で、力が加わって全体が弓なりに曲がることを意味する言葉です。果物などがたくさん実をつけた結果、枝が「たわむ」ことを「たわわ」というのです。

「『リンゴがたわわ』と『赤旗』に出ていたが、これでは『リンゴが弓なりに曲がっている』ことになりおかしい」との指摘がありました。よく見出しで使う表現ですが、あくまで「たわわ」の主語は「枝」なのです。たくさん実がついていても、枝が棚で固定されている場合は「たわわ」にはなりません。

辞書の用例には「たわわに実ったリンゴ」のように書いてあります。これは「枝もたわわに実った」の「枝も」が省略されているのです。そのためか、「たくさん」という意味にとられやすいのでしょう。一方、三省堂には、「たくさん」とも違い、俗語として「大きく育ったようす」という意味で載っています。

■つとに

「最近つとに……」のように使われているのを聞いたことがあります。「つとに」を「特に、非常に」の意味で使っているようですが、全く別の意味です。

漢字では「夙に」と書きます。「夙（シュク）」は「早朝」を意味する漢字で、そこから「早くから、ずっと以前から」となりました。「最近」とは結びつかない言葉なのです。

二〇〇一年度の国語調査によると、「いたたまれない」「心もとない」は過半数の人が意味も理解して使っていますが、「つとに」はほとんどの人が使わない言葉で、過半数の人が意味も分からないと答えていました。

「つとに有名だ」と書かれた文章をみても意味が分からないので、似た発音でよく使う「とくに」と解釈してしまうのではないでしょうか。

■世間ずれ

「流行に遅れていて、世間とはズレている」ことを「世間ずれ」と思う人が三十代以下では四割以上という結果が、二〇〇四年度の国語調査で示されました。さらに一三年度国語調査では十〜二十代のおよそ八割が「ズレている」と思い、全体でも過半数になっています。

本来の意味は「世間を渡ってきて苦労を重ねたので、ずる賢くなっている」ことを指します。

間違える原因は、「ずれ」を位置がずれる、出発がずれるの「ずれる」と受け取ってしまうからです。正しくは「こすれる」の「擦れる」で「靴ずれ」と同じ「ずれ」なのです。

誤解が目立つのか、「世間からずれていることの意で使うのは誤用」とする辞書もあらわれています。

■すべからく

「学生はすべからく勉強すべきだ」と聞いて、「学生は当然、勉強すべきだ」ととらえる人と、「学生はみんな、勉強すべきだ」と受け止める人の割合がほぼ同じという結果が二〇一〇年度の国語調査で分かりました。

「すべからく」とは「ぜひとも」「当然」の意味で、漢文の「須（ス・シュ）」を訓読したものです。ただ「すべからく」の「すべ」が、「全て」の「すべ」と同音なのと、意味的にも「当然、全員が勉強すべきだ」となるため間違われやすいのでしょう。

■敷居が高い

「あの店は高級店なので敷居が高くて入れない」のように使いませんか。しかしこれは本来の使い方とは違います。

「敷居が高い」とは、不義理や面目のないことをしているので、その家には行きにくいという意味なのです。高級店に不義理があれば別ですが、ただ入りづらいという意味ではありません。

しかし二〇〇八年度の国語調査によると、三十代以下の世代では七割を超す人が「高級過ぎたり、上品過ぎたりして、入りにくい」と答えています。「敷居が高い」という言葉から、入りづらい理由までは分かりません。単に入るのに気後れするととらえるのも仕方ないかもしれません。

■やばい

新聞ではあまり使いませんが、「危ない」「不都合なことが予想される」など望ましくないことについていう「やばい」。もとは盗人などの隠語で、「警察だ。やばい、逃げろ！」のように使われ、戦後ヤミ市が横行した混乱期に一般に広がった言葉だといいます。それが近年、「これ、おいしい！　やばいよ」など肯定的な意味で使われだしています。

二〇〇四年度の国語調査では、「とてもすばらしい、おいしい」の意味で「やばい」と言う人は全体では十八・二パーセントでしたが、十代は七割、二十代でも過半数が使っています。あまり品のない言葉ですが、日常会話ではたしかによく耳にします。

最近の国語辞書では「近年は『すごい』の意味でも使う」（岩波）、「近年、若者がプラスの評価に用いることもある」（明鏡）などと載せ始めました。大辞林も「若者言葉で、すごい。自身の心情が、ひどく揺さぶられている様子についていう」とし、「『格好良い』を意味する肯定的な文脈から、『困った』を意味する否定的文脈まで、広く感動詞的に用いられる」と解説しています。三省堂では、「すばらしい」の意味は「一九八〇年代から例があり、二十一世紀になって広まった言い方」で、「程度が大きい」「すごい」の意味は「そのあとに広まった」と解説しています。

第四章　間違えやすい言葉

■いやがおうにも?

間違えやすい言葉に「いやがおうにも」があります。正しくは「いやがうえにも」です。漢字で書くと「嫌が上にも」ではなく「弥が上にも」となります。「弥（ビ・ミ）」に「ますます、なおその上に」の意味があります。

「いやがおうにも」は似た言い回しの「いやがおうでも」と混同して生まれたといわれています。この「いや」は「否」で、「否が応でも」と書き、「好むと好まざるとにかかわらず、無理やりでも」の意味になります。

■「つましい」と「つつましい」

似た言い回しなので、意味も相互乗り入れしてきた言葉もあります。

「質素で倹約している様子」を表す「つましい」。漢字で書くと「倹しい」で意味もはっきりします。

一方、「態度が控えめな様子」を表す「つつましい」は漢字では「慎ましい」となり、「倹約」の意味はありません。新聞ではこれらを区別して使うことにしていますが、大辞林や日本国語大辞典などいくつかの辞書で、「つつましい」の意味に「つましい」を掲げるものもでてきています。

■けんけんがくがく

「けんけんがくがくの議論だ」という表現をよくききます。新聞の用語集を見ると「けんけんがくがく」とは「喧喧囂囂《けんけんごうごう》」と「侃侃諤諤《かんかんがくがく》」がまざって生まれた言葉で、誤用扱いになっています。

「喧喧囂囂」の「喧」も「囂」も「かまびすしい、やかましい」という意味で、多くの人が無秩序に、銘々勝手に発言してやかましいことを表しています。

「侃侃諤諤」の「侃」は「正しく強い」、「諤」は「正しいことを言う」の意味で、互いに正しいと思うことを堂々と主張することです。

NHKの用語集では、「それぞれに意味が違うので、使うときには注意する」「けんけんがくがくは、正しい使い方とは言えない」としています。

「けんけんがくがく」は、小型の国語辞書にはほとんど見られず、あっても「俗に、口やかましく議論する意に使うが、誤用」「あやまってできたことば」として認めていません。

一方、大型の辞書では、「混交して出来た語」（広辞苑）、「混同されてできた語」（大辞泉第二版、二〇一二年、小学館、以下大辞泉）として誤用とはせず、「多くの人がいろいろな意見を出し、収拾がつかない程に騒がしいさま」としています。

この語を最初に採録した日本国語大辞典によると、作家の坂口安吾《あんご》が一九四七年に書いた『青鬼の褌《ふんどし》を洗ふ女』で、「ケンケンガクガク、力《りき》みかへって大変な騒ぎだけれど」と使っています。

■寸暇を惜しまず

ほかにもよく使われる混交表現に「彼は寸暇を惜しまず働いた」があります。もっともらしく読めますが、「骨身を惜しまず」との混交で、正しくは「寸暇を惜しんで働く」です。わずかの時間も惜しんで大切にすることですが、「わずかしかない休み時間を惜しげもなく使って」働くという意味で「寸暇を惜しまず」も使われているのでは、という説もあるようです。

■雪辱を晴らす？

読者から、「赤旗」の紙面で「雪辱を晴らす」とあったが「雪辱を果たす」ではないか、との意見が寄せられました。ご指摘の通りです。

雪辱とは「恥を雪《すす》ぐこと」で、「晴らす」と意味が重なります。そのため、「雪辱を果たす」「雪辱する」のように使います。

ではなぜ「雪」に「すすぐ」の意味があるのでしょうか。大漢語林（一九九二年、大修館書店）によると、雪の元の字は「雨＋彗」で、「彗（エ・ケイ・スイ）」には「清める」の意味があり、「雨で洗い清める」から「そそぐ、すすぐ」の意味を持つようになったそうです。

■とんでもありません

「『赤旗』では『とんでもありません』を解禁したのですか」——読者から聞かれました。心の中では「とんでもない！」と叫んだのですが、「また出てしまいましたか」と不明を恥じました。最近、紙面でも時々出てしまいます。

「とんでもない」は、「ぎこちない」「せつない」と同じ一語化した形容詞で、「ぎこちありません」「せつありません」とならないのと同様に「とんでもありません」とはいいません。そのためこれまでは「誤用」とされてきました。

ところが国語調査（一九九五年度、二〇〇三年度）によると、七割前後の人が「とんでもございません」という言い方を「気にならない」と答えています。一三年度の調査では気になる人が若干増えたものの傾向は変わりません。ただこれは「相手から褒められたときに、軽く打ち消す表現」の場合です。相手の発言などを強く否定する使われ方ではありません。

国語辞書ではどうでしょう。多くの辞書では、用例がなかったり、「誤りとされる」「誤用に基づく慣用」などとされたりしていました。それが最近の辞書には変化があらわれています。

二〇〇〇年に第二版がでた日本国語大辞典では、「近時、……誤って『とんでも＝ない』と分離させた結果生じた、『とんでもありません』『とんでもございません』の形で耳にすることが増えている」としています。

〇六年に第三版がでた大辞林では「『とんでもございません』は誤った言い方とされるが、現在はかなり広がっている」としています。

〇八年に出版された広辞苑第六版になると、「『とんでもありません』『とんでもございません』の形でも使う」と、より踏み込んだ表現になっています。その後出版された辞書では「『丁寧形』で広く使われているが、『不自然に感じる人もいる』（明鏡）、「（相手の言ったことを強く〈否定する／ことわる〉ときの言葉で）多く使われる」（三省堂）など、かなり変化が進んでいます。

明鏡と三省堂以外は、旧版には「とんでもありません」の記述がありませんでした。誤用から慣用に移行している過程の言葉といえそうです。ただし新聞記事としては、率先して使うことは避けたほうがよいと考えています。

■生きざま

「生きざま」という言葉について違和感があるというメールを「赤旗」の読者からいただきました。「死にざま」という言葉はあるが、「生きざま」はなく、「生き方」でよいのではないかということです。

「生きざま」は比較的新しい言葉で、広辞苑には一九九一年の第四版から入りました。日本国語大辞典によると、一九六〇年代、「死にざま」の連想から生まれたといわれます。「ざま」は「ざまは無い」「ざまを見ろ」など、あざけりを伴う言葉です。そのため「みじめな死にざまだ」というように侮蔑的な意味合いが強く、「生きざま」についても否定的イメージが持たれるようです。

「生きざま」も当初は「自分の過ごしてきたぶざまな生き方」という使われ方でしたが、

最近では「独自の人生観を持ち、それを貫き通して生きる姿」のように、肯定的な意味で使われるようになってきました。

かなり市民権をえてきていますが、掲載しない辞書もあります。NHKでも、「語感が悪く、抵抗を感じる人もいるので乱用しない」としています。そういう背景をもった言葉として慎重な使い方が必要でしょう。

■おっとり刀

「おっとり刀」という言葉をご存じでしょうか。「おっとり」という言葉の響きから、のんびりした様子を思い浮かべがちです。「赤旗」でもそのように使ってしまい、読者から間違いだと指摘されました。

「おっとり刀」は、江戸時代中期の浄瑠璃の文献から登場します。武士が、危急の場合、刀を腰にさすひまもなく、手に持ったまま飛び出すことから、急いで駆けつける意味で使われます。のんびりとは逆の意味です。おっとり鍬《ぐわ》、おっとり袴《はかま》という言葉もあります。どちらも、「大急ぎで〜」という意味です。

「おっとり」の「おっ」は語調や意味を強め「勢いよく…する」という接頭語です。漢字では「押っ取り」と書きます。「おっとりとした性格」の「おっとり」は副詞で、別の言葉です。

■うそぶく

「うそぶく」も言葉の響きから「うそ」をついていることと間違えそうですが、「うそ」とは無関係な言葉です。漢字で書くと「嘯く」となります。この字は「口をすぼめて声を出す、口笛を吹く」意味があります。その後、詩歌を口ずさむ、そらとぼける、大きなことを言う、えらそうなことを言うなどと意味が広がってきました。

国会でもうそぶいた答弁をする大臣を見かけますが、とぼけているだけではなくて、うそをついている大臣や政党幹部もいるようです。

■他人事

読者から「他人事」と書いて、どう読みますか、という質問がきました。

伝統的な読み方は「ひとごと」で、『紫式部日記』（一〇一〇年ごろ）にも使われています。戦前の辞書や古語辞典などでは「ひとごと」を「人事」と書いていましたが、「じんじ」と紛らわしいため「他人事」と書くようになったといいます。

この「他人事」を文字面どおり読んだものが「たにんごと」です。大辞林では「本来は誤用」、岩波は「『ひとごと』と読むべきを誤ってできた語」としています。

このように「誤用」としている辞書もありますが、多くの辞書では「たにんごと」も許容するようになってきました。

ただ新聞では伝統的な表記として「人ごと」「ひとごと」、テレビでは「ひと事」「ひとごと」と書いています。

■かつを入れる

よく耳にする言葉でも、どの漢字を使うのかを迷うときがあります。元気や気力のない人を励ますという意味の「かつを入れる」。座禅で、うつらうつらしているときなどに「喝！」と叫ぶ様子をテレビで見たりするので、「喝を入れる」だと思っていたら、正しくは「活を入れる」でした。

「喝」とは「大声でしかる、どなる、おどす」という意味で、「一喝」「恫喝」などの言葉があります。

「活」は「生きること」「気絶していた人の意識をよみがえらせる術」のことです。そこから「活を入れる」→「元気づける」の意味になりました。「活」を入れることはできますが、「喝」を「入れる」ことはできないのです。

■かきいれどき

商売で「今は、かきいれどきだ」と聞くことがありますが、漢字ではどのように書くでしょうか。もうけを掻き集めることを連想して「掻き入れ時」と思う人が多いようです。

しかし正しくは「書き入れ時」です。商品がどんどん売れて利益が上がる時期のことで、帳簿に書き入れることが多くなるので「書き入れ」と書きます。

「『掻き入れ時』と書くのは誤り」とする辞書もあるくらい、間違えやすい漢字です。大手新聞も「書き入れ時」と書いたら「誤植ではないか」と電話が殺到したことがあるそうです。

■おしきせ

一方的に押し付けられたり、決められたりする言葉の「おしきせ」。意味から「押し着せ」と連想しがちですが、正しくは「お仕着せ」です。

江戸時代、季節に合わせて、主人から奉公人へ与える衣服のことを「仕着せ」といいました。「四季施」「為着せ」とも書きます。

そこから「型どおりに物事が行われる」→「一方的に決められる」と現在の意味になってきました。

■「一生懸命」と「一所懸命」

「一生懸命」は、もとは「一所懸命」と書き、読みも「いっしょ・けんめい」でした。中世の武士が一カ所の所領を、命懸けで守ったことから生まれた言葉です。

それが、命懸けで事に当たる意味だけが残り、発音と表記も「一生懸命」と変化していったものです。新聞でも「一生懸命」にしています。

■怒り心頭に……

激しく怒ることを「怒り心頭」といいますが、その後に続く言葉は「達する」か「発する」か、どちらを使うでしょうか。

二〇〇五年度の国語調査によると、「達する」と答えた人が七割を超えています。しかし、「心頭」とは、心の中のことで、本来は、心底から怒る、怒りの出どころを表し、「怒り心頭に発する」と使います。「達する」ではありません。

ではなぜ、「達する」と使う人が多いのでしょうか。「発する」と「達する」は発音が似ているうえに、「頭にくる」「怒りが極限に達している」などの言い方から「達する」が使われやすいのではないでしょうか。

新聞や辞書では「達する」は誤用としていますが、近い将来、辞書にも載るかもしれません。

■垣間見る

物の間からこっそりとのぞく、ちらっと見ることを「垣間見る」といいます。これを「垣間見せる」と使うときもありますが、本来は誤りです。

「垣間見」は見る側からの言葉なのです。見られる側からの言葉としては「うかがわせる」などがあります。「垣間見える」も慣用的な使い方ではありませんが、最近よく使われます。三省堂では「垣間見える」「垣間見せる」も載せています。「垣間聞く」というのはありません。

■矢先

「外出した矢先に雨に降られた」のような言い方は、本来の使い方ではありません。「矢先」には直後の意味はなく、直前または、ちょうどその時までを指します。ですから「外出する矢先」「外出しようとした矢先」となります。

広辞苑では「事のまさに始まろうとするとき、またはその直後」と、「直後」も認めていますが、ほとんどの辞書は認めていません。新聞やテレビでは、直後の意味には「〜したばかり」「～した直後」などとしています。

■役不足

「私には役不足だ」の「役不足」。本来の意味は、役者が自分の役が軽すぎると不満をいうことです。「荷が重い」「力不足」で使うのは誤用とされています。しかし二〇〇二年度の国語調査では六割を超える人が「荷が重い」の意味にとらえています。これでは、逆の意味に取られかねないので、使い方に注意が必要です。

■あわや!

もう少しで世界新記録だったという場合、「あわや世界新記録」と使われることがあります。この「あわや」は驚いた時などに発する感動詞で、「危うく～するところだった」という意味です。ですから「あわや世界新記録」は誤用で、「あわや大惨事」のように、ほっとした時の気持ちを表す言葉です。

大辞林には「味方チームの打撃で『あわやホームランかという当たり』などとも最近では言うが、本来はよくないことが起こりそうな場合に用いる」と注釈をつけています。

しかし最近では、俗語として「もう少しで」とする辞書も現れています。

■はなむけ

旅立ちや門出を祝って金品やあいさつの言葉を贈ることを「はなむけ」といいます。漢字で書くと「餞別《せんべつ》」の「餞」です。「卒業生に、はなむけの言葉を贈る」のように使いますが、この「はな」を「花」と間違えて、「花を贈る」→「歓迎」の意味で使うのは誤りです。昔、旅立つ人の馬の鼻を行くべき方向へ向けて見送った習慣から生まれた言葉で、「馬の鼻向け」の意味です。「花向け」ではありません。

■雨模様

「いまにも雨が降りそうな様子」を表す「雨模様」。どんより曇っていることですが、「小雨が降ったりやんだりしている様子」ととらえる人の方が多くなっています。

この言葉は「雨催《あめもよ》い」が変化したものと言われます。「催す」とは「これからある状態が起こる」意味で、まだ雨は降っていません。「雪模様」も同様です。ただ「模様」には「ありさま、状態」の意味があるので、「雨や雪が降っている」と思ってしまうのです。辞書にも「(最近の言い方で) 小雨が降ったりやんだりすること」(明鏡)、「小雨が降ったりやんだりする天候」(三省堂) などとあります。

国語調査 (一〇年度) によると、十代と六十代は本来の意味でとらえていますが、三十代から五十代にかけては、小雨が降っている様子と理解する人が上回っています。

NHKの用語集では、「すでに小雨が降っていたりする場合にも『雨もよう』を使ってよい」としています。ただ「解釈が分かれる表現なので、天気を予報する場合には使わない」としています。

■みぞれ交じりの雨

うっかり使いそうな言葉に「みぞれ交じりの雨」があります。寒い季節に、雨と雪が一緒に降る情景を表すのに使いがちですが、実は「みぞれ」とは、そもそも雨と雪のまざった状態をさす言葉です。「みぞれ交じりの雨」は、本来おかしな表現なので、新聞やテレビなどでは使わないようにしています。

みぞれは「霙」と書きます。なぜ「雨＋英」なのでしょうか。漢和辞典をみると、いくつかの説明があります。ひとつは「英」は「なかば（央）」の意味で、雨と雪が半ばまじりあって降るものだからとするものと、「英」は、花の意味があり、花のような雪だからとするものがあります。語源も諸説ありますが、「みずあられ」から「みぞれ」になったという説がおもしろい。

■しのつく雨

激しく降る大雨のことを「しのつく雨」といいますが、しとしと降る雨と間違えやすい。漢字では「篠突く雨」と書きます。「篠（ショウ）」とは細く群生する竹のことです。篠竹を束ねて突きおろすように、細かいものが一度に飛んでくる様子を「篠突く」といいます。そこからたたきつけるような激しい雨のことを「しのつく雨」といいます。しとしと降る雨は「そぼ降る雨」と表現します。

■鳥肌が立つ

読者の投稿で「鳥肌が立つくらい感動しました」という表現がありました。この言葉も使い方が揺れています。「鳥肌」とは、恐ろしさや寒さのために肌がざらつく状態をいう言葉です。広辞苑には「近ごろでは、感動の場合にも言う」と載せています。

新聞の用語集では「最近、感動・興奮の表現としても用いられるようになり、採用する辞書も出てきた。しかしまだ違和感を持つ人も少なくないので感動表現で使うことは慎重にしたい」としています。

二〇〇一年度の国語調査では四十代以下で感動の場合にも使う人が増加傾向にあるとしています。

■足下をすくわれる

二〇〇七年度の国語調査によると、「卑劣なやり方で、失敗させられること」を「足下をすくわれる」と答えた人が七割強で、正解の「足をすくわれる」を大きく上回りました。

足下とは、立っている足のあたりのことで、すくわれるのは足そのものです。弱みにつけ込む意味の「足下を見る」、弱みをつかんで利用する「足下につけこむ」などと混同して広まったようです。

ちなみに「足下」のほかに「足元」「足許」の表記があります。新聞では「足元」に統一しています。

■さわり

「その曲のさわりだけでも聞かせて」の「さわり」を「イントロ（出だし）部分」と思う人が、二〇〇七年度の国語調査で五十五パーセントを占めました。本来は「聞かせどころ」、いわゆるサビの部分です。

「さわり」は浄瑠璃の言葉です。三味線で拍子をとりながら聞かせる義太夫節《ぎだゆうぶし》に、他の流派の節回しを取り入れ見せ場にしました。「他流派にさわる」ことから、この聞かせどころを「さわり」と呼ぶようになったのです。

「さわる」ことは表面に触れることなので、しだいに「初めのほう、出だし」と使われるようになりました。岩波では「一九八〇年ごろからの誤用」としていますが、「最近の用法」として載せる辞書も現れはじめています。

■耳ざわりがいい

同じ「さわり」でも次は「耳ざわり」です。本来は「聞いて不愉快に感じる」ことで、「耳障り」と書きました。新聞の用語集でも「耳障りがいい」は不自然としているので、「聞き心地のよい」などと言い換えることにしています。

しかし「手触り」「肌触り」の類推から、「聞いたときの感じ」の意味で「耳触りがいい」も使われるようになってきました。

これを誤用としている辞書もあります。しかし意外にも、「耳障り」「耳触り」両方を載せている辞書の方が多いのです。「耳触り」を見出し語で載せている辞書は十六冊（うち俗用扱いは四冊）ありました。

日本国語大辞典によると、永井荷風《かふう》が「耳触り」と使い、夏目漱石も「こころ」で「然《しか》し其《その》言葉の耳障からいふと、決して猛烈なものではなかった」と書いています。「障」の字を使っていますが、意味は「聞いたときの感じ」です。明治の文豪も使っていたのです。ただ〇二年度の調査では、「聞いて気にさわること」との回答が八十六・五パーセントと圧倒的でした。

■全然おいしいです

読者から、「全然おいしいです」について、「全然の後には否定がつくのに、肯定的に使うのはおかしいのでは」という質問が寄せられました。調べてみると、実は明治時代には「全然」と書いて「すっかり」「まるきり」などの読みをつけ、「全てにわたって」「全部」の意味で肯定にも否定にも使われていました。それが戦後の辞書（辞海）から「必ず打ち消しを伴う」とされ、教育の場でも「全然＋否定」が正しいとされてきました。

ただ質問のあった「全然おいしい」は戦前の使い方とは違い、「断然」「非常に」の意味で使われています。程度の強調としての使い方は、辞書でもまだ「俗用」とされていますが。しかし「とても〜ない」が「とてもいい」と変化してきたように、「全然おいしい」も許容されていくのではないでしょうか。

■笑顔がこぼれる

喜びをあらわす表現によく使われる「笑顔がこぼれる」。「こぼれる笑顔」と見出しにも使ってしまいがちですが、よく考えるとなんだかおかしくありませんか。「こぼれる」とは、中にあるものが外にあふれでることです。「笑顔」は笑った顔のことですから「顔がこぼれる」ことになります。「笑みがこぼれる」がふさわしい表現です。

似た言い回しに「笑顔がはじける」「はじける笑顔」があります。「はじけるような笑顔」の「ような」を省略してよく使われます。笑い声は「はじけます」が、顔そのものははじけません。

■「やつす」ものは？

「研究に身をやつす」の「やつす」とは、やせるほどに熱中することですが、「骨身をやつす」と間違われやすい。「骨身は削る」となります。身は削ったり、やつれたりしますが、骨はやつれないからでしょう。

■「下手な考え」？「下手の考え」？

「下手な考え休むに似たり」と思っていたら、実は「下手の考え…」が正解でした。「下手」とは、碁や将棋が「下手な人」のことで、どれだけ長く考えても何の効果もないことから、相手をあざけって「下手の考え……」といいます。浅知恵を意味する「下手な考え」ではないのです。

同様に「下手な横好き」「下手な長談議」も「下手の横好き」「下手の長談議」となります。

似た言い回しに「下手な鉄砲も数撃ちゃ当たる」がありますが、これは「下手な鉄砲」が正しく「下手の鉄砲」とはなりません。

■「符丁」？「符節」？

ものごとがぴったり合うことを「符丁が合う」「符丁を合わせる」のように使っていませんか。

正しくは「符節を合わせる」です。「符節」とは札に文字を書き、印を押して二つに割ったもので、そこからぴったり合うことに使われます。「符丁」は、符号、仲間うちの合言葉のことです。口裏を合わせる意味で「符丁を合わせる」と使うので間違えやすいのかもしれません。

■「切り崩す」と「取り崩す」

生活が大変なので、貯金を「切り崩す」といいがちですが、正しくは「取り崩す」です。

「切り崩す」とは「高いところを切って低くする」「反対派に働きかけてその団結をくずす」ことです。「貯金を切り崩す」の意味や用例はありません。ことばの結びつきを集めた『てにをは辞典』（二〇一〇年、小内一編、三省堂）でも「丘を――」「組合を――」はありますが、「貯金を切り崩す」は載っていません。三省堂には「（あやまって）貯金を切り崩す」と載せています。

「取り崩す」は「ためたものを、次第に取ってなくす」ことです。「貯金を取り崩す」のは困りますが、大企業の内部留保は大いに取り崩して社会に還元してほしいものです。

■ゲキを飛ばす

スポーツや選挙報道などで「ゲキを飛ばす」という言い方を耳にします。「活を入れる」と同じ意味で、選手を叱って発奮させたり、候補者を励ましたりするときに用いられます。しかし「ゲキを飛ばす」の本来の意味は、「自分の主張や考えを、広く人々に知らせて同意を求める」ことです。「ゲキ」は、激励の「激」ではなく、「檄」という字を書き、古代中国で木札などに書かれた文書のことをさします。人々を急いで集めたり、決起をうながすためにだすものでした。激励の意味はなかったのです。

二〇〇七年度の国語調査では、「元気のない者に刺激を与えて活気付けること」との答えが七割を超えました。そのため現在の使い方は誤りだとする辞書と、俗用として許容する辞書とさまざまです。大辞林では、本来は誤りとしながらも「現代では『激を飛ばす』などと書き、激励したり、発奮させたりする意に用いられる」とするようになってきました。新聞では「檄を飛ばす」と本来の漢字で書きますが、「激励する」意味で使うことが多くなっています。

■腑に落ちる

「心」の意味で使う「腑」について、「腑に落ちない」とはいうが「腑に落ちる」はおかしい、肯定なら「胸に落ちる」だという意見があります。多くの辞書でも「腑に落ちない」の用例でしか載っていません。

日本国語大辞典は「腑に落ちる」と見出し語に掲げ、「納得できる。合点がいく」と意味を説明していますが、「多く、下に否定の語を伴って用いる」と注釈を付けています。「腑に落ちない」という否定形が圧倒的なため、「腑に落ちる」に違和感を持つのでしょう。

たしかに「口が減らない子ども」や「あの人も隅に置けない」などの慣用句は「口が減る」「隅に置ける」とは言いません。しかし「腑に落ちる」は明治期の文献からも登場する言葉なので、完全な誤りとはいえないでしょう。

■犬も歩けば…

お正月といえばカルタ。犬も歩けば棒に当たるの「犬棒ガルタ」です。この「犬も歩けば」には「でしゃばれば災いにあう」という意味と、「やってみると思わぬ幸いにあう」という二通りの意味があります。「災い」にも「幸運」にも使われます。

ことわざ辞典には「積極的に行動しようとすると、わけもなく犬が棒で打たれるように、損な目に遭うことが多い」を第一義としていますが、江戸時代の文献でも「災い」「幸運」両方の意味で使われてきました。人々の生活の中の夢や希望を反映した使われ方なのでしょう。

■玄人《くろうと》か素人か

「彼の歌はプロ並みにうまい」ときのほめ言葉として、「玄人はだし」か「素人はだし」か、どちらなのか迷うことはありませんか。

「とてもかなわない」という意味の「はだしで逃げる」から、玄人もはだしで逃げるほど上手だということで「玄人はだし」といいます。「素人はだし」とはいいません。「素人ばなれ」のように使えばよいでしょう。

■きら星

「赤旗」で見出しに「きら星」を使ったところ、読者から「きら、星のごとく」が本来の言葉なので、わざわざ見出しに使うのはどうか、という指摘がありました。

きら星の「きら」は「きらきら輝く星」という擬態語の「きら」ではありません。漢字では「綺羅」と書きます。「綺」は「あやぎぬ」、「羅」は「うすぎぬ」のことで、「美しい衣服」を表します。「華やかな服を着た人がたくさんそろっていること」を星にたとえて、「きら星のごとく」といったのです。ですから「きら星」ではなく、「きら、星のごとく」と切るのが本来の使い方です。

しかし多くの国語辞書は、誤用してできた語としつつも「美しくかがやく多くの星」として「きら星」を独立の項目で扱っています。また日本国語大辞典によると、「きら星」は江戸初期の浄瑠璃などにも使われていて、かなり古くから使われてきた言葉のようです。たくさんの優れた人が出てきている意味で使うのは許容されるのではないでしょうか。

■「挽回する」もの、「返上する」ものは?

先日読者から、「劣勢を挽回する」は誤用だ、との指摘がありました。「挽回」は「いいものを取り戻す」ことで、悪いものは「返上する」ではないか、というものです。

新聞の用語集では、「汚名挽回」は「汚名返上」と「名誉挽回」の混同表現としています。ただ「返上する」は悪いもの限定ではなく、「休日を返上する」など、単に返すことをさします。

「挽回」とは、「失ったものを取り返すこと」です。「名誉」は失うものですが、汚名は本来失うものではありません。ですから「名誉」は「挽回」、「汚名」は「返上」となるのです。

一方「汚名挽回」を、「『汚名（退勢・地に落ちた評判）を挽回する』など、『～を』にくるものを払いのけて、もとのよい状態を取り戻すために巻き返しを図ることの意でも使われる」としている辞書（明鏡）や、「汚名を着た状態をもとどおりにすること。『汚名を取りもどすこと』ではなく、誤用ではない」と解説する辞書（三省堂）もあります。

ではご指摘の「劣勢を挽回する」はどうでしょうか。「劣勢」とは勢力を失った状態です。そこから元に盛り返す意味で「劣った勢力を挽回する」→「劣勢を挽回する」となるのではないでしょうか。スポーツ記事や選挙報道で使われ、辞書にも用例として載るようになってきました。「劣勢を返上」「優勢を挽回」などはあまり聞きません。

■「人一倍」は何倍か

「君は人一倍がんばった」という場合の「人一倍」。よく考えてみるとなんだか変な気がしませんか。

普通、「一倍」といえば比べるものと同じ量を表すので、人一倍は「人と同じ努力」となるのでは？ しかしこの言葉は、「人よりも一層努力する」意味で使われます。

実は昔の「一倍」は、いまの「二倍」を意味していたのです。古語辞典では「もう一倍分を加えた数量、すなわち今日の二倍のこと」としています。

いまの国語辞書でも「①その数量に一を掛けること②それの倍」と両方を掲げています。日本語って難しい。

■じくじたる思い

「内心、じくじたる思いだ」の「じくじ」は「忸怩」と書きます。どちらも見慣れない漢字ですが、「忸」も「怩」も「いじけてぐずぐずする、恥じる」という意味があります。そこから自分のおこないについて、心の中で恥ずかしく思うこと、深く恥じ入るという意味になりました。他人のおこないに対しての「腹立たしい」思いや「やるせない、無念だ」という意味はありません。

ある政党の代表の暴言によって、その党の候補者が「じくじたる思いだ」のような使い方も本来の意味とは違っています。

■豚が死亡

豚流行性下痢の記事で「豚が死亡」という表現がありました。数年前には「競走馬が死亡」という見出しを見たこともあります。しかしなんとなく違和感を覚えませんか？

実は「死亡」は人間が死ぬことをさす言葉なのです。そのため、新聞記事では犬や猫など、動物の場合は「死ぬ」という言葉を使います。

「亡くなる」も人の死を遠回しに言う表現です。NHKの放送用語委員会は、動物の「死」については、「死亡する」などに違和感を持つ人が多いので、「命を落とした」などの表現を考えたいとしています。

一方、農水省のホームページや家畜伝染病予防法では、豚が「死亡する」と書いてあります。またペットの犬や猫は家族の一員として扱われているので、人と同じように「死亡」や「亡くなる」を使うことがあります。役所には「犬・猫の死亡届」もあります。三省堂では「人／動物が死ぬこと」と用法を広げています。

「死亡」の対語の「出生」も人が生まれることを指しますが、「死去」の対語の「誕生」

は、人間だけでなく動物や組織などにも幅広く使われる言葉です。

■すりこむ

「原発は安全だ、と頭にすりこまれてきた」と使われる「すりこむ」ですが、辞書には「擦り込む」と「刷り込む」があります。

「擦り込む」は「傷口に軟膏を擦り込む」など、こすってなかにしみこませることです。「刷り込む」は「名刺に肩書を刷り込む」など、他のものに加えて刷ることです。

「頭にすりこむ」は新しい使われ方のようです。生まれたばかりの鳥などが目の前を動いた物体を親として覚えこみ、一生追従する現象を「刷り込み」といいます。これが拡大解釈されて使われるようになったのではないでしょうか。

三省堂では「くり返し教えたり聞かせたりして、頭から離れないようにする」意味で、「親の世代から刷り込まれた価値観」のように使うとしています。

■燃えたぎる

「今度の候補者には、燃えたぎる闘志を感じる」のように使われる「燃えたぎる」。燃えるように心が激しく動くことをさしますが、多くの辞書には載っていません。新聞の用語集でも「燃え盛る」が本来の言葉としています。

「たぎる」とは「水が沸騰する」ことです。「水」と「燃える」は合わないことから「誤用」とされてきました。しかし「たぎる」には、「怒り・悲しみなどの感情が激しくわきおこる」意味もあります。「燃える」を強調して「燃えたぎる」という言い方が生まれたのでしょう。大辞林も第三版から採用しています。

■胸三寸と胸先三寸

「その話は、胸先三寸に納めておきましょう」――「心の中にしまい込んで表に出さないように」という意味で使われますが、これは「舌先三寸」との混同で、「心の中」という意味で使うのであれば「胸三寸」が正しい言い方です。「胸先」とは「みぞおち」の辺りを指し、「胸先三寸に迫る」のように使われますが「心の中」という意味はありません。

一方、「舌先三寸」は口先だけで巧みに人をあしらう弁舌のことです。これを「口先三寸」と間違えて使う人が二〇一一年度の国語調査では六割近くにのぼっています。

■微に入り細にわたって

「非常に細かい点にまで気を配る」意味で、「微に入り細にわたって」と使いませんか。

しかし本来は「微に入り細をうがつ」といいます。この「うがつ」は（二六ページ「うがった見方」と同様に）穴を開けることで、「微妙な点を言い表す」意味をもちます。

一方、「多岐にわたる」などの類推からか、「微に入り細にわたる」の言い方も広がり、広辞苑にも第四版から用例として入れるようになっています。

■ビニール袋

読者から「レジ袋のことをビニール袋と書くのはおかしい」と意見が寄せられました。レジ袋は「ビニール」ではなく「ポリエチレン」か「ポリプロピレン」で作られています。そのため「ポリ袋」が正しいのですが、慣用で「ビニール袋」も使われています。

ビニールシートも今はポリエチレン製の「ブルーシート」が主流で、ビニール傘はビニール製ではありませんが言い換えが難しいため「ビニール傘」が使われています。ビニールハウスは文字通りビニール製なので「ビニールハウスが倒壊」のように使われます。

■「おざなり」と「なおざり」

「おざなり」と「なおざり」は、どちらも「いいかげん」という意味があるため、混同しやすい言葉です。

おざなりは「御座なり」と書き、「その場逃れにいいかげんに物事をすすめる」ことで、「おざなりな言い訳」「おざなりの計画」などと使います。

なおざりは「等閑」と書き、「いいかげんにして放っておく」ことで、「商売をなおざりにする」「なおざりな態度」のように使います。

「おざなり」は、きわめて不十分ながらとにかく何かをしますが、「なおざり」は、ほったらかしにして、必要なこと、やるべきことをしないことです。

原発事故でよくみる「おざなり」な謝罪は、災害対策を「なおざり」にしてきたからです。これを「なおざりな謝罪」とすると、何もしない謝罪となり意味不明で、使い方がおかしいことになります。

■電車と列車

駅で電車を待っていると「間もなく電車が通過します」というアナウンスがあります。注意深く聞いていると「列車が通過します」という場合もあります。「電車」と「列車」の違いはなんでしょうか?

「電車」は「電気を利用する鉄道車両」です。電車のほかにはディーゼルなど内燃機関をもった「気動車」もあります。

一方「列車」とは「鉄道の本線路を運転する車両」のことで、電車、気動車など鉄道車両の総称です。

一九九一年におきた信楽《しがらき》高原鉄道の事故のとき、「電車」と書きましたが、読者から電車ではなくディーゼル車だとの指摘がありました。その後の紙面では「列車衝突事故」とするようにしました。

■唱歌と童謡

読者から、「童謡『故郷』を歌った」という記事に、「故郷」は「童謡」ではなく「唱歌」です、という声が寄せられました。

広辞苑によると「主として明治初期から第二次大戦終了時まで学校教育用につくられた歌」が「唱歌」です。戦前の小学六年生の唱歌には、「明治天皇御製」「出征兵士」「日本海海戦」「天照大神《アマテラスオオミカミ》」とならんで「故郷」もありました。これに対して「童謡」は、「赤とんぼ」「雨ふり」「ペチカ」など「大正中期から昭和初期にかけて、北原白秋《はくしゅう》らが文部省唱歌を批判して作成し、運動によって普及させた子供の歌」と区別しています。

■児童・生徒・学生

新聞では、小学生は児童、中学・高校生は生徒、大学生は学生、と表記します。これは学校教育法にもとづいた書き方です。ただ中高生であっても学生割引や学生服など「学生～」も使われます。一方、児童福祉法では、十八歳未満が児童になります。

■「頭越し」と「頭ごなし」

沖縄の米軍基地問題でよく使われる言葉に、「頭越し」と「頭ごなし」があります。

頭越しとは、「当事者を差し置いて、事が進められること」で「頭越しの交渉」のように使われます。沖縄県民の声を無視してアメリカとやりとりする自公政権の姿です。

頭ごなしとは、「相手の言い分も聞かずに、初めから一方的にきめつけた態度をとること」です。沖縄県に新基地を「粛々」と押し付ける安倍自公政権こそ、聞く耳もなく問答無用でまさに「頭ごなし」の政権です。

■義援金と募金とカンパ

共産党が全国で取り組んでいる「東日本大震災救援募金」。このお金は、党への「寄付」ではなく、「義援金」など被災者救援のために預かったものです。

「義援」は、本来「義捐」と書き、明治時代に日本で生まれた漢語です。「捐」は、「金品を差し出す」「捨てる」という意味があり、「義捐」で「慈善、公益、災害救助などのために金品を差し出す」という意味になります。ただ「捐」が常用漢字ではないため、新聞では「義援金」と書き換えています。この「援」には「たすける」という意味があり、「義援金」は、助け合いのお金という意味を持つようになりました。

一方、「募金」について、「募金を出す」という表現の仕方は間違いではないか、という意見が寄せられることがあります。たしかに「募金」は主催者側からいう言葉ですから、「募金を出す」は、厳密にいえばおかしい感じがします。

しかし、「募集―応募」という対語はありますが、「募金」に応じたものを「応募金」とはいいません。むしろ、「募金」として、お金を募ることと、それに応じることの両方の意味に使われるようになっています。

最近の辞書をみると、俗語としてですが「金を寄付すること。また、その金」と載るようになってきました。「募金を差し出す」について明鏡は、「主催者側の言い方をそのまま受けて言ったもの」、岩波では「醵金《きょきん》・寄付する行為は一九八〇年ごろ学校から広まった誤用で、現在かなり多用。教師が言った『募金のお金を持って来なさい』などを寄付の金銭と誤解したせいか」との注釈をつけていますが、この注釈は少し疑問です。

大衆的な資金募集を意味するものとして、「カンパ」という言葉があります。これは「カンパを集める」「カンパを出す」と使われ、広辞苑も「募金を募ること、またその募金に応じること」と両方の意味を載せています。「カンパ」と「募金」が、同じように使われていることがわかります。

■「ニッポン」か「ニホン」か

衆議院選挙があると政党が生まれては消えてゆく離散集合が目立ちます。二〇一二年の総選挙では、「日本」を名乗る政党もいくつか生まれました。これらの諸党は「ニッポン」と称しています。日本共産党は「ニホン」です。

この「ニッポン」と「ニホン」、国の名前としては決まっているのでしょうか。国語辞書をみると「古くは『やまと』『ひのもと』と読まれていたが、奈良時代以降、『にほん』『にっぽん』と音読されるようになった」「特に法的な規制はなく、慣用的に使い分けられている」として公式には決まっていないのです。

戦前から統一しようという議論があり、一九三四年に臨時国語調査会が「ニッポン」とする案を決議しましたが、政府採択には至りませんでした。NHKは「ニッポン」を正式な国号としていますが、国号以外は「『ニホン』と言ってもよい」として両方使います。

戦後も何度か議論になりましたが、二〇〇九年に「いずれも広く通用しており、どちらか一方に統一する必要はない」との政府見解が出されました。

使われ方をみると、対外的には「ニッポン」が多く、複合語で使う場合は「ニホン」が多いようです。

それでは「日本橋」はどう読むでしょうか？　東京の橋は「ニホンバシ」、大阪の橋は「ニッポンバシ」と読みます。

「赤旗」文化欄（二〇一五年二月十日付）で、一九七〇年七月十四日に佐藤内閣が読み方を「ニッポン」にした、との記事が出ていました。そこで当時の「赤旗」「朝日」「読売」の縮刷版をみるとたしかに、万博切手が「ＮＩＰＰＯＮ」とあったのをきっかけに閣議で「論戦」になり、首相のツルの一声で「ニッポン」に決めた、との記事やコラムがありました。ただ当時の「読売」（一九七〇年七月十四日付夕刊）によると、政府として「慣行上ニッポンとするだけ」としており、統一されたわけではありません。

■「イソン」か「イゾン」か

「依存」をどう読むか気になりませんか。「アルコール依存」「ケータイ依存」「脱原発依存」などさまざまな「依存」があります。自民公明政権は、「原発依存」「米軍基地依存」です。

これまでテレビやラジオでは、「イソン」を第一、「イゾン」を第二として、「イソン」を優先してきました。

国語辞書も「いそん」を主見出しにしていますが、「いぞん」とも言うと記述しています。漢和辞書も両方の読みを書いています。

「存」には、漢音の「ソン」と呉音の「ゾン」があります。「存続」「存亡」などは「ソン」と、「存命」「生存」などは「ゾン」と読み、「共存」「現存」などは両方あります。「イゾン」だと同音の「異存」があるため、読み方は「イソン」でしたが、ＮＨＫは二〇一四年から「イゾン」に変更しました。ＮＨＫの調査で九割以上が「イゾン」と読んだ結果を受けたものだといいます。

■「青田買い」か「青田刈り」か

最近は就職難のためあまり使われませんが、「青田買い」か「青田刈り」か、どちらが正しいかが議論になったことがありました。二〇〇四年度の国語調査によると、「青田買い」を使う人は約三十パーセントで、「青田刈り」を使う人は約三十五パーセントでした。

本来の言い方は「青田買い」です。稲が実る前に収穫を見越して買い上げを予約することから、卒業するはるか前から学生の採用を決める意味に使われています。「青田刈り」

「青刈り」は肥料や飼料にするために、未成熟のうちに刈ることをさす言葉なので、新聞では「青田買い」を使うことにしています。しかし、「青田刈り」は「青田買い」と同じ意味だとしたり、俗用とする辞書もけっこうあります。

「青田刈り」が広まった背景には理由があります。一九六〇年代の「高度成長」時代に、企業がきそって新卒者を採用したことがありました。これを週刊誌がもじって「青田刈り」と表現し、当時の流行語になったことによります。

■「一段落」の読み方は?

「仕事が一段落した」の「一段落」は「いちだんらく」か「ひとだんらく」か、みなさんはどう読むでしょうか。本来の読み方は「いちだんらく」です。文章の区切りである段落を「いち段落」「に段落」と数えるからです。

しかし話し言葉では「ひとだんらく」も使われます。これは同じ意味の「一区切り」を「ひとくぎり」と読むことや、「一安心」「一仕事」「一工夫」など多くの三字熟語も「ひと~」と読むので、違和感なく使われるのでしょう。

ほとんどの国語辞書は「いちだんらく」で、「ひとだんらく」は誤読としています。NHKは「いちだんらく」を採用しています。ただ、最近では「ひとだんらく」を許容する辞書も現れました。大辞泉最新版では「誤りだが、話し言葉では使われることも多い」と解説しています。

■「来し方」の読み方は？

読者から「来し方」はなんと読めばいいのですか、との質問がありました。「来」の読み方は常用漢字表（文科省）では「ライ、くる、きたる、きたす」が示されているので「くしかた」なのか、というのです。

常用漢字表は、動詞は終止形で示しています。カ行変格活用の「来る」は、「くる」「くる」「くれ」「こい」と活用で読み方が変化します。ですから「来」は「くる」だけでなく、未然形「こない」、連用形「きます」、命令形「こい」も読めるのです。

では「来し方」をどう読むのか。広辞苑には「きしかた」「こしかた」と両方が載っています。平安時代は「きしかた」は「過ぎ去った時」、「こしかた」は「過ぎて来た方」と、時間と空間で使い分けていたようですが、今ではどちらも同じ意味で使われています。

第五章　どう書き表すか

■送り仮名の付け方

文章を書く際、「行う」と「行なう」、「表す」と「表わす」など、送り仮名はどうするのか、迷ったことはありませんか。

語のどこまでを漢字で書き、どこから仮名で書くのかは、「送り仮名の付け方」（一九七三年、文科省、以下「付け方」）で決められています。

「付け方」は七つの通則からなり、「本則」、本則とは違う慣用表記の「例外」、本則のほかに慣用表記も使っていい「許容」があります。

動詞や形容詞、形容動詞など活用のある語には、通則があります。

通則は、「活用語尾を送る」が本則です。「おこなう」は「おこな」が語幹で、活用語尾が「う」なので、「行う」の表記になります。

「あらわす」「あらわれる」「ことわる」も同様に「表す」「現れる」「断る」と書きます。

ではなぜ、「行なう」「表わす」「現われる」「断わる」の表記も目にするのでしょうか。それは「許容」で認められているからです。

戦前は送り仮名が少なかったため、誤読が生まれやすかったといいます。戦後決められた旧「送りがなの付け方」（一九五九年）では、読み間違いを防ぐために、「行なう」「表わす」と、なるべく多く送ることにしました。

現行の「付け方」でも、「食う＝食らう」のように、活用語尾だけを送ると誤読のおそれがある語は、「例外」として活用語尾の前の音節から送ることにしています。「行った」も、単独で見ると「いった」か「おこなった」かが分かりませんが、文脈の中では読み分けられるとして、「行う」を本則としました。ただ以前は「な」から送るのが正しい表記だったので、「行なう」を「許容」としたのです。

新聞では、「本則と例外」を採用し、「許容」は使わないので、「行なう」とはしません。パソコンは、新旧の送り仮名を搭載しているので「行う」「行なう」両方が出てきます。

■「八ヶ岳」か「八ケ岳」か

パソコンで地名を打つと八ヶ岳や千駄ヶ谷などの「ケ」は必ず小さくなりますが、「赤旗」では大きく書いています。

「ヶ」「ケ」と書くのに「け」とは発音せず、「が」と読みますが、発音どおり「八が岳」「千駄が谷」とは書きません。

この「ヶ」「ケ」はカタカナではなく、漢字の「箇」の異体字である「个」または「箇」のタケカンムリの一つが符号的に用いられてきたものです。どちらにせよ漢字の変形なのです。カタカナの「ケ」と区別するために国語辞書や地名事典、パソコンなどは「ヶ」にしています。新聞の多くは「ヶ」を使いません。もとは漢字なので小文字ではなく大文字の「ケ」を使っています。

一方、「霞が関」のように旧来の「霞ヶ関」から、新住居表示で発音どおりの「が」に改められた所もあります。ちなみに地下鉄の「霞ヶ関」駅は正式には「霞ケ関」と大きな「ケ」なのですが、パソコンでは「霞ヶ関」としか出てこないのでやっかいです。

地名では、鎌ケ谷市（千葉県）や龍ケ崎市（茨城県）などは「ケ」、駒ヶ根市（長野県）や吉野ヶ里町（佐賀県）などは「ヶ」とバラバラです。

「赤旗」などは読者の混乱を避けるため、地名はすべて「ケ」で統一しています。

■助数詞の「ヶ」「ケ」

それでは「ヶ」「ケ」を助数詞として使う場合はどうでしょうか。「一ヶ月」「一ケ月」

のほかに「一か月」「一カ月」「一ヵ月」の表記があります。

公用文や教科書、読売、NHKなどは「一か月」と書き、朝日や毎日、通信社、「赤旗」は「一カ月」と書きます。どれを書いても間違いではありません。

また八百屋さんでは「リンゴ一ヶ」と書かれます。この場合、読みは「こ」ですが、新聞では「個」を使い、「リンゴ一個」と書きます。ややこしいですね。

■「高嶺の花」と「高根の花」

読者から、「赤旗」紙面で「『高根の花』と出ていたが、違和感がある、やはり『高嶺の花』とすべきではないか」との声が寄せられました。

新聞では「嶺（レイ）」が常用漢字ではないので「高根の花」と書きます。しかしこの「高根」は、「日蝕→日食」、「車輌→車両」と書き換えるような代用漢字ではありません。

もともと「高嶺・高根」の両方が使われていました。戦前の国語辞書、「辞苑」「広辞林」や「古語大辞典」などは両方載せていますが、代表的な「大言海」では見出し語に「高根」を載せ、意味を「高き嶺《ミネ》、高嶺、峻嶺」とし、日本で使われている書き方だとしています。

新聞協会でも以前、見直しの意見が出たそうです。しかし「高根」は戦後の代用漢字ではなく、尾根と同じ山の頂の意味で当て字でもないことや、古典や昭和初期の小説にも「高根の花」が使われていることなどから変更しなかったといいます。

■「あらげる」？「あららげる」？

怒って激しい声で言うことは「声をあらげる」ではなく「あららげる」だというと、よく驚かれます。

「いかにもはげしいさま」を意味する「あららか」から「あららげる」になったといいます。新聞では「あららげる」を用い、「あらげる」は俗用として使いません。

しかし、声に出して言う場合、「あららげる」より「あらげる」のほうが言いやすい。以前NHKがおこなった全国調査でも、「あららげる」と言う人は十九パーセントに対して、「あらげる」と言う人は七十七パーセントにもなりました。そのため、放送では両方とも使うことにしています。

国語辞書では、「あらげる」を「誤用」としているのもあれば、「あららげる」と同じ意味としている辞書もあります。表記は「荒らげる」で、「荒げる」「荒ららげる」とはしません。

■「味あう」？「味わう」？

食べ物のうまさを感じたり、身にしみて体験する意味の「味わう」。これを「味あう」と言う人もいます。とくに受け身の形になると間違えやすい。「味あわされる」か「味わされる」かです。「味あわされる」の方が言いやすいからでしょうか。

味わうは、歴史的仮名遣いでは「あぢはふ」と書きます。そのため「味わう」の表記になるのです。味が「合う」からではありません。

■悪どい？

やりかたがしつこく、たちが悪い意味の「あくどい手口」を「悪どい」と書くのは誤りです。この「あく」とは「あくの強い人」の「あく」と同じで、漢字で書くと「灰汁」となります。「スープの灰汁」です。「どい」は「きわどい」と同じ接尾語です。

「くどい」に接頭語の「あ」がついたものとしている説もあり、いずれにしても「悪いやり方」という意味ですが、「悪」という漢字は無関係な言葉です。

■生まじめ

まじめすぎて融通のきかない人を「きまじめな人」といいます。まじめな気質だから

「気まじめ」でもいいのではと思いますが、正しくは「生まじめ」です。

この「生」は「純粋なこと」を意味する接頭語で、「生一本」「生糸」のように使われます。

■剣もほろろ

人の頼みを冷たくはねのけて相手にしない様子を「けんもほろろ」といいますが、よく「剣もほろろ」と書かれます。剣で冷たくあしらわれるかのように思い浮かべるのかもしれませんが、「剣」とは無関係です。

「けん」も「ほろろ」もキジの鳴き声（「ほろろ」は羽音という説もあります）で、愛想がなく聞こえることからきているといわれます。

■対処療法

根本的な解決にはならないが当面の対策、その場しのぎの意味で使われることを「対症療法」といいますが、これを「対処法」と混同して「対処療法」と書くことがあります。

もともとは、高熱に対しては解熱剤を使うように、患者の症状に対応して行う療法のことです。「たいしょ」ではなく、「たいしょう」なのです。

■「はらわた」の書き方は?

「消費税増税には腹わたが煮えくり返る」とか「サンマは腹わたがおいしい」などと使われる「腹わた」ですが、漢字では「腸」と書き、「はらわた」または「わた」と読みます。これは内臓のことで、そこから「こころ、性根」を表します。腹に「わた」が入っているわけではありません。常用漢字としては「腸」は「チョウ」としか読まないので、新聞では「はらわた」とひらがな書きになります。

■「ちりばめる」を漢字で書くと……

「宝石を散りばめる」のように書かれますが、正しくは「鏤める」です。「鏤（ロウ・ル）」には「きざみこむ」という意味があり、「鏤める」は「彫って金銀珠玉などをはめこむ」ことをいいます。「散らばっている」ことではありませんが、「散らしている」ように見えるので間違われやすいのでしょう。

「鏤」は常用漢字ではないため、ひらがな書きになります。本来の漢字を知っておくと間違えません。

■わたる

「わたる」は「渡る」と「亘る」があります。「渡る」は移動する意味で「川を渡る」、広がっていく意味で「知れ渡る」のように使われます。

一方「亘る」は「ある範囲に及ぶ」意味で「三日に亘って」のように使いますが、常用漢字ではないので「三日にわたって」となります。

■ダンボール

よく「ダンボール」とカタカナで書きませんか。子ども向け番組にも「ダンボール戦機」というのがありましたが、本来は「段ボール」です。

新聞では基本的に外来語はカタカナで書きます。「ダンボール」の「ダン」は外来語ではなく、実は日本語なのです。

紙の断面が波形の階段状に見えることから「段」と呼ばれます。「ボール」はボール紙からきています。ちなみにボール紙とは、「板」の英語であるボードに由来する板紙のことですが、現在の段ボールは古紙が主流だそうです。

■頁はなぜページと読む？

「書物・ノートなどの紙の一面」をページといいますが、漢字では「頁」と書きます。この「頁（ケツ・ヨウ）」は、顔、頭、額、顎など頭部の状態や名称に使われる部首です。「貝偏」と区別するために「おおがい」または「いちのかい」ともいいます。

ではなぜページと読むのでしょうか。これは中国の読み方に関係があります。紙は「一葉二葉」とも数えます。この「葉」の中国語読み（ｙｅ）と「頁」が同音だったため、「一頁二頁」と使われるようになったといいます。「葉」は「ページ」とは読みません。

■重複表現

「馬から落馬する」——よく知られた重複表現です。聞き手にすれば、意味が重なることでわかりやすくなるという利点もあり、放送ではすべてよくないとはしていません。しかし新聞では、重複表現は使わないことにしています。

よく目にするのは、「署名は過半数を超え」「平和大行進は炎天下のもと」「大きな被害を被った」などです。「半数を超え／過半数に達し」「炎天下で」「被害に遭った」などとします。

これらは、同じ漢字が重なったり、意味の重なりがはっきりしたりして重複表現だとわかりやすいのですが、一見してわからないものもあります。

▽第一日目

話し言葉でよく使われる「第一日目」。なにが重複しているのでしょうか。

「第」は数を表す語の上に付いて、順番・順位を表す接頭語です。

「目」は数を表す語に付いて、順序・度数を表す接尾語です。

「第」も「目」も順序・順番を表す語なので、どちらか一つでよいことになります。「第一回目」「第一番目」なども同様です。

▽満天の星空

夏休みの山のキャンプなどで、「満天の星空がきれいだった」と使われがちです。

「満天」とは「空一面」「空いっぱい」の意味なので、「天」と「空」が重複になります。

「満天の星」でよいのです。

▽ハイテク技術

外来語と日本語の重複表現もあります。「ハイテク技術を駆使した」という表現、よく見かけませんか。

「ハイテク」とは「ハイテクノロジー」の略で「最先端の技術」のことです。直訳すれば「最先端の技術技術」となり、重複は一目瞭然です。

ほかにも「平均アベレージ」「排気ガス」「思いがけないハプニング」など、重複表現にはくせ者がいるのでご用心。

■ものの数え方（助数詞）について

鳥でもないのに、ウサギは「羽」で数えます。仏教では四つ足の動物の肉は食べてはいけないとされていたので、「ウサギは二本足で立つから鳥だ」といって食べていた、そこからウサギを「一羽、二羽」と数えるようになったという説があります。

イカやタコは、逆さにすると杯《さかずき》のように見えることから「一杯、二杯」と数えます。

驚きなのは、ひらひらと舞うチョウ。「一頭、二頭」と数えるそうです。「頭」はふつう大型の動物の場合に使いますから、想像がつきません。語源は諸説ありますが、外国の動物園で飼育される生き物を数えるのに「ヘッド（頭）」が使われていたのを直訳したといわれます。

新聞では、二種類以上の数え方がある場合は、適用範囲が広く、できるだけ一般的な助数詞を使うことにしています。そのためウサギもイカもチョウも「一匹、二匹」と数えます。

■人《にん》と名《めい》

「人」も「名」も人数を数えるのに使う助数詞です。国語辞書によると、「名」は「『人』よりは丁寧な言い方」（大辞林）としています。

新聞では適用範囲の広さから「人」を使い、例外的に「若干名」を使います。

■署名の数え方は

核兵器廃絶や学費無償化などの署名を集約する際に、「〇〇筆《ひつ》」と数えることがあり、「赤旗」にも載ったりします。

これまで国語辞書には、「筆」は「土地の区画」などを数える助数詞で、署名は入っていませんでした。読者からは「ものを数える『筆』では、非常に冷たい印象を受ける」「人の心を集める署名に、物の単位を使うのはおかしい」などの意見も寄せられます。

しかし二〇〇四年に出版された『数え方の辞典』（飯田朝子著、町田健監修、小学館）で、サインの項に「署名は『筆』で数えます」と出ていました。三省堂にも「署名をかぞえることば」として採録されました。最近は一般の新聞にも「署名〇筆」として使われ始めています。「赤旗」では、原則「署名〇〇人分」と書くようにしています。

■いま何時?　時間の書き方

ちょうどお昼の十二時を新聞では「正午」と書きます。では「午後十二時三十分」は昼でしょうか、夜でしょうか。正午の後が午後だから昼？　いや、夜の午後十一時五十九分の次は午後十二時だから夜？　なかなか難しい。

こうした混乱をさけるため鉄道などは二十四時間制をとっています。新聞は原則十二時間制で、午前、午後を明示し、十二時は「零時」で表します。

昼の十二時ちょうどは「正午」とし、午後零時とは書きません。正午以降は午後零時三十分のように書きます。

夜の十二時ちょうどは「午前零時」とし、午後十二時とはしません。午前零時をすぎると、午前零時三十分のように書きます。

■週末と週明け

週末は何曜日をさすか、これもなかなか難しい問題です。広辞苑では「一週間の末。土曜日、また土曜日から日曜日へかけていう。近年は金曜日も含めてもいう」と最大三日間の幅があります。週末の使い方には注意が必要です。

一週間の始まりは日曜日か月曜日か、これも人によって受け止め方が違います。多くのカレンダーの左端が日曜日になっているので、日曜日から始まり土曜日までと考える人が多いようです。新聞もそうしていますが、働いている人の多くは、仕事始めが月曜日なので月曜からと思う人もいます。

では週明けはとは何曜日からでしょうか？　広辞苑によると「次の週が始まること。普通は月曜日になることを指」します。辞書でも週は日曜日からとしていますが、週明けは月曜日？　なんだか混乱します。それを避けるため、新聞などは曜日や日付を明示して誤解が生まれないようにしています。

■押し迫る？　押し詰まる？

年末が近づくと、暮れも「押し迫る」か「押し詰まる」か、どちらでしょうかと聞かれることがあります。

どちらも年の瀬に使われますが、「押し迫る」は年末が迫ってくる、「押し詰まる」はぐっと年末が近づいてきたことを指します。「押し迫る」より余裕がない感じです。

NHKの用語集でも、「押し迫る」は、暮れに近くなること、「押し詰まる」は暮れの中でも終わり（十二月末）に近くなること、と使い分けています。クリスマスごろからは暮れも「押し迫る」、大みそかなら「押し詰まる」のように使うのがよいでしょう。

第六章　外来語ってややこしい

■レポート？　リポート？

二十年以上前、赤旗編集局に入って驚いたことの一つに、外来語の書き方がありました。「レポート」と書くか「リポート」と書くかです。

当時の国語辞書は「レポート」を本見出しにし、「リポート」の項は「レポートをみよ」となっていました。これは report という原語のつづりをもとにした表記です。

新聞では、原語の発音に近く、日本人に読みやすいという基準で、「リポート」と書きます。

外来語はカタカナ表記が原則ですが、「たばこ」や「かっぱ」など古くから使われ国語化しているものは、ひらがなで書きます。ガラスやコーヒーなどは発音に関係なく慣用表記に従っています。

■ファーストフードって

ハンバーガー店などをよく「ファーストフード」といいます。これを新聞は「ファストフード」と書きます。ファーストは「第一の」、ファストは「早い」の意味で、「注文してすぐに食べられる店」だから「ファスト」となるのです。

■パネラー、パネリスト、シンポジスト

討論会の報告者を「パネラー」といいますが、これは和製英語です。英語の「パネラー」はパネル（羽目板）を組み立てる職人のことです。

新聞ではパネリストと書きますが、「パネルディスカッションの報告者はパネリストでいいが、シンポジウムの報告者はシンポジストではないか」という質問が寄せられました。

シンポジストは英語の辞書にもほとんどでてきませんが、研究社の新英和大辞典第六版（二〇〇二年）には、symposiast は「シンポジウム参加者」とありました。発音通りに書くと、シンポジアストです。

国語辞書でも見当たりませんでしたが、最新版の三省堂、大辞林にはシンポジストが登場。「シンポジウムに意見発表者として参加する人」としていました。社会的な使われ方を反映しているのでしょうか。

しかし現状では、シンポジウムでもフォーラムでも、パネリストでよいと思います。

■スマートホン？　スマートフォン？

電話は「テレホン」なのに、なぜ多機能携帯電話は「スマートホン」ではなく「スマートフォン」と書くのでしょうか。

外来語の発音「fo」を「ホ」と書くのか「フォ」と書くかですが、以前は、さしつかえないかぎり、「ファ」「フィ」「フェ」「フォ」は「ハ」「ヒ」「ヘ」「ホ」と書くことになっていました。そのため、セロハン、モルヒネ、メガホン、プラットホームのように書いてきました。

それが一九九一年に外来語の表記が変わり、「ファ」「フィ」「フェ」「フォ」を使い、慣用のある場合は「ハ」「ヒ」「ヘ」「ホ」となったのです。

そのため「テレホン」と「スマートフォン」の使い分けが生まれました。これからの新語は「フォン」が基本になります。

■略称はなぜ「スマホ」？

それでは略称も「スマフォ」でいいのでは？　という疑問が生まれます。当初は「スマフォ」も使われましたが、「スマホ」が定着しました。

これは発音がしやすく、見出しにする文字数も少ないから普及したのではないでしょうか。

一方、アップル社のスマートフォン「ｉＰｈｏｎｅ」は商品名で、「アイフォーン」と書きます。もともと日本には「アイホン社」というインターホンの会社があったので商標としては認められませんでした。そのため「アイフォーン」になったといいます。

■ガラケーって?

「ガラケー」を最初に聞いたときは「柄」のある携帯電話の略だと思いましたが、「ガラパゴス携帯電話」の略と聞いて驚きました。

「ガラパゴス化」とは「ガラパゴス諸島の生物進化のように周囲とは懸け離れた、独自の進化をすること」（大辞泉）で、日本の携帯電話が、ワンセグ、着メロ、電子マネーなど「特殊で多機能化が進んだ」ものとして「ガラケー」と呼ばれています。最近では「ガラホ」（ガラケーのようなスマートフォン）も登場しています。

第七章　文法なども考えてみよう

■ら抜き言葉

「食べれる」「見れる」「着れる」は「ら抜き言葉」です。では、同じ発音の「切れる」は「ら抜き」でしょうか？　――答えは「ら抜き」ではありません。

同じ動詞なのに「ら抜き」になる動詞とならない動詞があります。「ら抜き」になるのは、「見る」「着る」などの上一段活用、「食べる」「受ける」などの下一段活用、「来る」のカ行変格活用の動詞だけです。これらに可能をあらわす助動詞「られる」がつく際、「ら」が抜けると「ら抜き言葉」と呼ばれます。

「切れる」は五段活用の「切る」が、「読む→読める」「書く→書ける」と同様に変化した可能動詞です。この変化は江戸時代に定着したといいます。「ら抜き」ではありません。

「ら抜き言葉」は、戦前から使われはじめ、戦後一般化して、話し言葉から今では書き言葉まで広がっています。方言として使われている地域もあります。

二〇一〇年度の国語調査では、「考えられない」は九割、「考えれない」は一割、「食べられない」は六割、「食べれない」は三割と、本来の言い方をする人が多数ですが、「来る」「見る」など音節の少ないものは、ほぼ同数の結果が出ています。しかしまだ不快に思う人もいるため、新聞やテレビではなるべく使わないようにしています。

■「お話しします」「お話しします」

「おはなしします」の送り仮名は「お話します」か「お話しします」か、どちらですか、とよく聞かれます。これは「はなし」が名詞か動詞かで変わってきます。

名詞だとすると、送り仮名はどうなるでしょうか。「付け方」では、名詞には二つの決まりがあります。一つは「月、花、山」のように、活用のない言葉に送り仮名は付きません。もう一つは「活用のある語から転じた名詞……は、もとの語の送り仮名の付け方によって送る」です。動詞の「動く」から転じた名詞は「動き」のように送ります。

「はなし」は動詞の「話す」からきていますが、「氷る→氷」「光る→光」などと同様の名詞と考えれば送り仮名は不要で、「話」となります。

しかし、「おはなしします」は、「お聞きします」「お待たせします」のように、動詞の連用形と考えるのが自然です。「話す」の連用形は「話し」なので、「お話しします」と送ります。名詞としては「お話をします」となります。

■「知らなすぎる」「知らなさすぎる」

「知らなすぎる」と「知らなさすぎる」――みなさんはどちらを使いますか。

「〜すぎる」は「食べすぎる」や「多すぎる」など動詞や形容詞について程度・限度をこす意味を表します。「知らない」「笑わない」など打ち消しを表す助動詞「ない」につく場合は、「知らなすぎる」と「さ」は入りません。

しかし「知らなさすぎる」もよく使われています。なぜ、「さ」を入れたくなるのでしょう。「理解がない」など形容詞の「ない」の場合は、「理解がなすぎる」とはならず「なさすぎる」となります。これとの混同から使われるようになったといわれています。

「ない」が形容詞か助動詞かをどうやって見分けるのか。形容詞の場合は「自信ない↓自信ある」のように対義語の「ある」に置き換えられます。助動詞の場合は「知らない↓知らぬ」のように同義語「ぬ」に置き換えられます。これを知っていれば大丈夫です。

「そういう様子であること」を表す「〜そう」も同じ用法です。「知らない」に「〜そう」がつくと「知らなそう」となりますが、「知らなさそう」もよく使われています。

■「自信なげ」「自信なさげ」

「〜そう」と同じ意味の接尾語「〜げ」は「悲しい→悲しげ」のように形容詞や「言いたげ」「得意げ」など動詞や名詞につきます。「自信ない」は「自信なげ」となりますが、「自信なさげ」もよく使われます。

「自信なさすぎる」「自信なさそう」は「さ」が入るため、これも混同して生まれたようです。ちなみに「よい」には「げ」はつかず「よさそう」となりますが、「なさげ」から類推して「よさげ」という言い方も若者の間では使われています。

このことを若い記者に聞いたら、最近は「よさそげ」という言い方もあると聞いてビックリ。言葉は変わるものだなと改めて思いました。

■「来る」「来たる」

「きたる」を漢字で書く際、どのように送ればよいでしょうか。常用漢字表では「来」の訓・用例には「くる＝来る、出来心」「きたる＝来る◯日」「きたす＝来す」が掲げられています。

「くる」「きたす」は動詞で、「きたる」は名詞を修飾する連体詞です。「きたる総選挙」の場合は用例通り「来る」と書きます。

一方、「委員長きたる」の場合の「きたる」は動詞ですが、文語なのです。常用漢字は、現代国語を書き表すための目安なので、文語の「きたる」については示していません。

これを漢字で書こうとすれば、「くる」と読み間違わないため、「来たる」と書くことになるでしょう。連体詞か動詞かで送り方が違うことになります。

■「こんにちは」「こんにちわ」

あいさつ語の「コンニチワ」の「ワ」の発音部分を「わ」と書くか「は」と書くか、どちらでしょうか。

現代かなづかいでは、「ワに発音される『は』」は「わ」と表記されますが、助詞の「は」は、「は」と書くことになっています。助詞の「は」だけは、「ワ」と発音されながら、歴史的仮名遣いのまま「は」と書きます。

これは「を」「へ」とともに、伝統的な表記を残しているためです。助詞は使用頻度も高く、戦後の仮名遣いの変更の際にも受け入れやすいと判断したため採用されたものといいます。

「コンニチワ」というあいさつ語は、「こんにちは、良いお日和でございます」の後半が略されたものと考えられます。この「ワ」は助詞の「は」なので、「こんにちは」の表記になります。「こんばんは」も同様です。

■「極まる」「極まりない」

時の政権に対して「無責任極まりない」という言い方をしたりします。普天間基地は「危険極まりない」ですが「危険極まる」とも使います。このときの「極まる」と「極まりない」は同じなのか、違うのか。読者から質問がありました。

「極まる」とは極限に達することで、「この上なく〜である」という意味になります。一方「極まりない」も「この上なく」のことです。

「極まりない」は「ない」がつくので否定形のように見えますが、「せわしない」「切ない」と同様、「程度のはなはだしい様子」を表す接尾語です。「危険極まる」よりも「危険極まりない」のほうが、より危険ということになります。否定形なら「極まらない」となります。

■「ぞっとする」「ぞっとしない」

「ぞっと」とは「寒さや恐ろしさなどによって体がふるえ上がるようなさま」を表し、「思い出してもぞっとする体験」のように使います。

では「ぞっとしない」の意味は？　二〇〇六年度の国語調査では、過半数の答えが「恐ろしくない」としていました。三十代以下では七割を超えています。正しくは「面白くない」「感心しない」という意味なのです。

「ぞっと」には、強い感動を表す意味もあり、「ぞっとするほどの美人」のようにも使われます。ここからその否定形として、「感動しない」↓「感心しない、面白くない」という意味になるそうです。

■「応じる」「応ずる」

要求に「応じる」か「応ずる」か、どちらが正しいでしょうか。この場合も両方とも正しい、ということになります。

「応じる」は「応じない・応じます・応じる」のように変化する上一段活用の動詞で、「応ずる」は「応ぜず・応じます・応ずる」のように変わるサ行変格活用の動詞です。ただ「応ずる」は文語の「応ず」から変化したものなのでやや堅苦しい印象があります。そのため「応じる」が多く使われています。「信じる・信ずる」「感じる・感ずる」「論じる・論ずる」なども同じ関係です。

では見出しでよく見る「要求に応じず」と「応ぜず」は、どちらが正しいのでしょうか。否定の助動詞「ず」は文語体につきます。「応じる」は口語なので、否定形は「応じぬ」

です。「応ず」は文語なので、その否定形は「応ぜず」となります。「応じず」は口語と文語の混成用法なので、厳密にいえば誤りです。

そのため見出しで「応じず」を使わず、「応ぜず」か「応じぬ」にする新聞社もあります。

■「ご存知ですか？　ご存じ？」

「ご存知ですか」とよく使いますが、新聞では「ご存じですか」と直します。国語辞書などをみても「存じ」「存知」両方の表記がありますが、なぜ直すのでしょうか。

この「存じ」は「存ずる」の連用形「存じ」なのです。存在を知っている意味の「存《ぞん》知《ち》」という熟語はありますが、「存《ぞん》知《じ》」は当て字です。「ご存じ」「存じ上げる」などは平仮名書きになります。

■あたう限り

水俣病関係の記事で「あたう限りすべて救済」という言葉をたびたび目にします。水俣病特措法にある言葉で、「できる限りすべて救済」という意味です。

「あたう」は「能う」と書き、漢文の訓読みから生まれた言葉です。もともとは必ず打ち消しを伴って「行くことあたわず」のように使われていました。明治以後、欧米語の翻訳として肯定形の「あたう限り」も使われるようになりました。

これを「あたうる限り」と書くのは誤りです。「できうる限り」「考えうる」の類推から誤用されるようです。この「うる」は動詞の連用形について可能の意味を表します。「あたう」の連用形は「あたい」なので「あたうる」とはならず、可能の意味が重複になるため「あたいうる」にもなりません。

■「開かれる」「開ける」

共産党の外交ビジョン「日米安保条約をなくしたらどういう展望が開かれるか」は「開けるか」ではないかという声がありました。

「開く」に可能の助動詞「れる」が付いて「開かれる」となりますが、「近年は『歩かれる』『行かれる』などよりは『歩ける』『行ける』のように可能動詞がよく使われる」（明鏡）のでそういう疑問が出るのでしょう。日本語としてはどちらも間違いではありません。

■「べき止め」はなぜ使わないか

新聞では「〜すべき」とせず「〜すべきだ」と断定するように書きます。いわゆる「べき止め」にはしません。なぜでしょうか。

「べき」は文語の「べし」の連体形（名詞につながる形）です。文章は終止形で終わるのが普通なので「べき」で終わるのは好ましくないとされます。「べし」でも構わないのですが、口語文では「べきだ」を使います。

■「憂う人」って？

読者から「立憲主義の否定を憂う人たちと力を合わせよう」の「憂う人」は間違っている、という指摘がありました。ご指摘のとおりです。なぜ間違いなのでしょうか。

「思い悩む」を意味する「憂う」は文語で、「国を憂う」のように文章の終わりにつく終止形の動詞です。名詞が続く場合は「憂うる人」と連体形になります。口語では「憂える人」です。「憂う人」とはなりません。

また「～を憂い」や「憂いています」も間違いで、「～を憂え」「憂えています」が正しい。「憂いる」という動詞はなく「憂える」だからです。同じ活用の「教える」が、「～を教い」「教いています」にはならないことを考えると分かりやすいでしょう。

ただ「心配事」を意味する名詞に「憂い」があります。「憂え」から変化したものですが、今では「憂いに満ちた顔」のように一般化しているため、「～を憂い」と間違えやすいのかもしれません。

■「～次第」「～し次第」

「見つけ次第」「でき次第」など「次第」は動詞の連用形について「～したら、すぐ」の意味に使われます。ところが「漢語＋する」のサ変動詞についた場合「終了次第」か「終了し次第」か、どちらがいいのでしょうか。

本来は連用形につくので「終了し次第」となりますが、発音がしにくいこともあり、「話しことばとしてはこなれていないので、なるべく使わないほうがよい」とＮＨＫの用語集では書いています。

また「次第」は「努力次第」「金次第」など名詞について「その事の程度によって」という意味にも使われるので、まぎらわしい。文化庁も一九八二年の「言葉に関する問答集」で、「終了次第」など「今日では、この言い方を否定し去ることはできないであろう」としています。国語辞書でも連用形だけでなく「動作性の名詞」にもつく（大辞林、大辞泉など）と載せるようになっています。

■「願わくは」「願わくば」

「できることならどうか」という意味の「願わくは」。新聞の用語集をみると「願わくば」も使ってよいとしていますが、「願わくば」は本来誤りとしている国語辞書もあります。

「願わくは」は、「願う」に「く」がついて名詞になる「ク語法」で「願わく」になり、それに「は」が付いたものです。「いわく」や「体たらく」「思わく」も同じ「ク語法」です。これが江戸時代に「美しくば」などの仮定表現と混同されて「願わくば」が生まれたといいます。本来は誤用ですが、もう何百年も使われているので、新聞では誤用とはしていません。

ちなみに「思惑」は「思う」のク語法で、「迷惑」「困惑」のような熟語ではありません。「惑」は当て字で、本来は「思わく」ですが、相場用語での「思惑買い」などという慣用が固定化しているため、新聞では「思惑」と表記します。

■「ありうる」「ありえる」

「あり得る」の読み方は「ありうる」か「ありえる」か。

「得る」は「える」「うる」とどちらも常用漢字の音訓表に入っていますが、「うる」は文語的な言い回しです。NHKは、口語ではなるべく「える」を使い、「言いうる」など文語的なものは「言える」のように言い換えているそうです。

「考え得る」「実行し得る」など接尾語的に使う場合は「うる」と読むことが多く、「あり得る」も伝統的には「ありうる」ですが、「ありえる」も使われています。

■「すべき」「するべき」

昔の新聞の用語集では「するべきだ」は「すべきだ」に直すことになっていました。「べき」は文語の助動詞「べし」の連体形で、「すべき」は文語＋文語です。「するべき」は口語＋文語です。文語には文語が対応するのが好ましいとの考えから「するべき」は使いませんでした。

今では「ありうる」「ありえる」と同様、「すべきだ」「するべきだ」も両方使われています。

■彷彿《ほうふつ》

「目の前にありありと浮かぶ」意味の「彷彿」ですが、「～が彷彿する」は「～が彷彿とする」の間違いではないか、という質問がありました。

国語辞書をみると、多くが「～が彷彿（と）する」のようにどちらも使うことにしています。

昔は形容動詞「彷彿たり」が主流で、その連用形が「彷彿と」でした。そこから「彷彿とする」となります。一方、名詞の「彷彿」に「する」がついて「彷彿する」も生まれ、現在は両方使うようになっています。

第八章　ちょっと気になる言葉

■3タテ

スポーツ面で「ロッテ、楽天を3タテ」のような見出しを見ます。辞書を見ると「タテ〈立て〉」は「勝負に続けざまに負けた数を数えるのに用いる」助数詞のことで、「連敗」を意味します。

本来は「3タテを食う」のように連敗の意味で使いますが、最近は連勝の意味にも使われています。三省堂は以前から「続けざまに〈負ける／負かす〉こと」と採録しています。

■東南か南東か

方角の組み合わせで、「東南アジア」や「都の西北」のように「東、西」を先にする言い方と、「南東の風」「北西季節風」のように「南、北」を先にする言い方があります。なぜですか、という質問がありました。

辞書を引くと、「東南」「南東」とも「東と南との間に当たる方角」で、違いは分かりません。しかし土地の方角は、「東、西」が先に、気象では、「南、北」が先になります。

この違いは東洋と西洋の考え方からきているといいます。東洋では「東西南北」というように「東西」が先にきます。これは太陽の昇る方角、動きからきています。この考え方が日本にも伝わり、定着してきたのです。

西洋では、大航海時代に羅針盤として方位磁石が使われました。磁石は「北」を指し、地理の方位は「北東南西」の順に並んでいるように「北」を優先させる考え方です。明治以降、日本に伝わり、「北、南」が先にくる言い方が普及したようです。

しかし何ごとにも例外はあります。九州地方の「南西諸島」や、外務省の「北東アジア課」などです。「北東アジア」は英文表記からきており、一般的な言い方ですが、「東北アジア」という場合もあります。

■帰省

みなさんは毎年、故郷へ帰られるでしょうか。「帰省ラッシュ」といわれる「帰省」は夏の季語ですが、ただ故郷に帰る「帰郷」とは少し意味が違います。

「省」には「くわしく見る」という意味があります。自分を見つめれば「自省」「内省」

「反省」という熟語ができます。外に目を向けると「安否を問う」意味になります。そこから「帰省」は「故郷に帰って、親の様子をみること」になりました。転じて、休暇などで短期間郷里に帰ることも「帰省」と呼びます。

■里帰り

「里帰り」はもともとは、女性が結婚後、初めて実家に帰る儀式のことでした。嫁や奉公人がしばらくの間実家に帰ることも「里帰り」と呼ばれました。奉公人が帰るという風習（薮入《やぶい》り）はなくなりましたが、「妻が里帰り」など今でも使われます。

ただ新聞の用語集では、家族ぐるみで帰郷する場合は「帰省」を使うことにしています。また「ボストン美術館の浮世絵が里帰り」のようにも使われますが、あくまで「一時的」な場合に限られ、国外に流出した美術品が買い戻された場合に使うのは誤りとされます。

■外遊

議会閉会中の夏、議員や閣僚の「外遊」が話題になります。

「外遊」とは辞書によると「（留学・研究・視察などの目的で）外国を旅行すること」です。「遊」には「遊ぶ」のほかに「国を離れて外に行く（外遊）」、「あちこちめぐって説く

（遊説）」の意味もあります。

しかし、公費を使いながら文字通り「海外で遊んでいる」例もあります。最高裁が二〇一四年五月、山梨県議会の海外研修は「研修に名を借りた私的旅行」だったと費用返還を命じました。日本共産党は、二〇一五年のいっせい地方選挙政策で「税金を使った海外旅行となっている海外視察を廃止します」としています。

■与党

どうしてこの漢字が使われるのだろうと思う言葉があります。たとえば「与党」の「与」です。「贈与」や「貸与」は「あたえる」という意味ですが、「与党」とはなにかを与えてくれる党のことでしょうか？

この「与」は「仲間になる」意味の「与《くみ》する」です。「与党」は「同調する仲間」のことでしたが、政党政治が始まってからは、政権を担当する政党を指すようになりました。

「与」には「あずかる（かかわる）」という意味もあります。「あずかる」には他に「預かる」も。この「預かる」は他動詞で「〜を預かる」と使います。「与《あず》かる」は自動詞で「〜に与かる」となります。「国政を預かる」は負託される、「国政に与かる」は関与する意味です。ただ「与かる」は常用漢字の音訓では「ヨ、あたえる」しかないので新聞では平仮名書きになります。

■知事

知事とは「事を知っている」物知りの人ではありません。「知」は「知る」の他に「つかさどる」の意味もあります。そこから中国では寺の庶務をつかさどる役職のことでした。宋の時代になって地方長官のことをさすようになり、それが日本の「知事」になったそうです。

■中毒

「中毒」は毒にあたることなのに、なぜ「中」なのでしょうか? 「中」には「的中」「命中」のように「あたる」という意味があるからです。

「食当たり、暑気当たり」という表記は間違いで、正しくは「食中り、暑気中り」となりますが、「中」の常用漢字の音訓は「チュウ、なか」だけなので新聞では「食あたり、暑気あたり」と書きます。

■演歌

第四十一回赤旗まつり（二〇一四年十一月）でも注目された八代亜紀さん。演歌の女王といわれますが、歌を演じるから「演歌」というのでしょうか。

「演」には「のばす」「おしひろめる」という意味があり、「大勢の前で主義主張」を述べれば「演説」となります。実は「演歌」は「演説歌」のことでした。明治時代、自由民権思想を広めるため演説を歌にかえたことからきています。

■秋波《しゅうは》を送る

政治ニュースで「他党に秋波を送る」という言葉を見ることがあります。国語辞書をみると、「色目をつかって異性の関心をひこうとする」と政治的ではない意味が書いてあります。

「秋波」は中国で生まれた言葉で、もとは秋の澄みわたった波のことでした。中国では美しい女性の瞳を「秋水《しゅうすい》」と呼び、「秋波」は女性の澄んだ涼しげな目元の意味になったといいます。そこから「流し目」の意味になりましたが、今では単に「さそいをかける」意味で使われています。

ちなみに明治時代のジャーナリストである幸徳秋水の名前は、師である中江《なかえ》兆民《ちょうみん》からもらったもので、「清く、澄みわたった心境」の意味でした。打算から他党に秋波を送るような政党ではなく、澄んだ気持ちで政治にあたる政党が求められています。

■膝詰め

じっくりと話をする様子を表すのに「膝詰めで話し合う」というのを見たことがあります。ある県では「県政ひざづめ談議」というのもあり、「県民総参加の県政を推進するため、県民と知事が、直接、県の現状や将来、あるいは県政全般の諸施策などについて、普段着の対話を行」うものと説明しています。

国語辞書を見ると、「膝詰め」とは「互いの膝がくっつくほど」の距離ですが、その上で「相手が避けられないようにしてきびしくせまる」（旺文社国語辞典第十一版、旺文社）ことで「膝詰め談判」のように使われます。なごやかな話し合いには「膝を交える」や「膝を突き合わせる」などがよいのではないでしょうか。

■ほど遠い

「サッカー日本女子の選手たちは『大和撫子』の像からほど遠い」という書き方について、「ほど遠い」の使い方が違うのではないかとの声がありました。

日本国語大辞典をみると「状態が極端にかけ離れて異なっているさま」としています。単に「隔たり」という意味では、問題ないように思いましたが、『現代形容詞用法辞典』（一九九一年、飛田良文・浅田秀子著、東京堂出版）によると、「ほど遠い」とは「ややマイナスのイメージの語」で、「あまりよくない状態」に使われる言葉だとしています。

この意味では、「大和撫子」のよいイメージに女子選手が及ばない、悪い状態だという使い方になり、捉え方が違ってきます。この場合は、単に「大和撫子の像からかけ離れている」などの表現がよかったのかもしれません。

■とびぬける

「他とかけ離れている」意味の「とびぬける」ですが、「日本の〇〇の比率は諸外国と比べて、とびぬけて低い」という原稿がきました。

「とびぬける」を辞書でみると、多くが「とびぬけて優秀」「とびぬけて高い」など「ふつうの程度よりずっとすぐれている」意味で使われています。『日本語　語感の辞典』（二〇一〇年、中村明著、岩波書店）によると、「通常いい意味で目立つときに使う」としていました。この場合も「きわめて低い」などの表現が適切でしょう。

■周年

読者から「大震災から一周年」という使い方はおかしい、との声が寄せられました。「周年」とは「ある時から数えて過ぎた年数」のことで、本来は「良い」「悪い」という評価はありません。

しかし実際には「創立○周年」「開業○周年」のように、多くは「祝う」意味で使われています。そのため悲惨な事件や出来事などの場合に「周年」を使うと、違和感や抵抗感を持つ人がでてきます。

そのため新聞の用語集でも「『震災○周年』という表現は避ける」としています。

■カクサン?

二〇一三年の参議院選挙からインターネット選挙が解禁になりました。「ネットで投票できるの?」との誤解もありましたが、インターネットを使った選挙運動が解禁になったのです。

そのなかでアメリカの新聞でも取り上げられた「日本共産党カクサン部!」が話題になりました。でも「カクサン」って何なの?　との声も聞きます。

思い浮かぶのは、「核不拡散条約（ＮＰＴ）」の「拡散」。「広がり、散らばること」です。そのほかに物理学の用語で、水にインキを一滴入れると、ゆっくり周囲に広がる現象をさします。

そこからツイッターやフェイスブックなどで、メッセージを多くの人に引用してもらうことを「拡散」と呼ぶようになりました。大辞泉の最新版には「以下のメッセージを拡散希望」のように使われると載るようになってきました。

■「注目を集める」は誤用か

読者から、「注目を集める」は誤用だ、との指摘がありました。

「注目」の「注」には「そそぐ、集める」という意味があるので、重複表現との指摘があります（『美しい日本語と正しい敬語が身に付く本』、二〇一二年、日経おとなのＯＦＦ編、日経ＢＰ社）。

また「視線を集める」と「注目を浴びる」の混用で、「一部に強い反対がある」とＮＨＫメディア研究部では指摘しています。

たしかに中型の国語辞書の「注目」の項には「注目を集める」の用例はありません。しかし「集める」（広辞苑や大辞泉）や「スーパースター」（大辞林）の項には用例がありました。多くの小型辞書にも載っていて、一般新聞でも、現在かなり使われています。

八三ページでも述べたように、「被害を被る」「炎天下の下」など一見して重複感のある言葉は新聞では避けるようにしていますが、「注目を集める」は「注目される」よりも注目の度合いが強調されるので、多く使われるのではないでしょうか。現在では「誤り」とは言えないと思います。

■連濁

寿司は新聞では「すし」と平仮名書きになります。では「回転寿司」はどう書くのでしょう。「回転すし」ではなんとなく落ち着きません。「回転ずし」と濁ります。このように二つの語が結合して後ろの語の語頭が濁音になることを連濁と呼びます。

連濁には一定の法則がありますが、例外が多くなかなか一筋縄にはいきません。

前の語が後ろの語を説明する場合は連濁がおきやすいといいます。たとえば「白い酒」は「しろざけ」、「夫婦のけんか」は「夫婦げんか」です。

一方、後ろの語が「風」や「稼ぎ」のようにいずれかが濁っている場合は連濁をおこさないという法則もあります。「春風」は「春かぜ」、「荒稼ぎ」は「荒かせぎ」のように語頭は濁りません。

また「山と川」で「やまかわ」、「草と木」で「くさき」のように対等の関係で連なるときも、連濁はおこらない傾向があります。

■戦前とは

二〇一五年は戦後七十年です。終戦から七十年といえば数えやすいのですが、秘密保護法が問題になったとき「戦前の大本営発表」という表現に読者から「大本営発表は戦中であり、戦前ではない」という指摘がありました。戦前とはいつからでしょうか？

辞書では「戦前」は「戦争開始の前。特に第二次大戦の起こる前」と書かれています。日本では十五年戦争と呼ばれるように、大戦前から戦争は始まっていたので、この定義には疑問もありますが、ご指摘のとおり、大本営発表は戦前ではありません。

ただ終戦を境に、天皇主権から国民主権へと価値観が大転換したので「戦前」と「戦後」を対比して使うことも多いのです。新選国語辞典第九版（二〇一一年、小学館）には「第二次世界大戦の開戦、または、終戦の以前」と書かれています。

しかし多くの辞書は認めておらず、三省堂は、「あやまって『終戦前』の意味で使うことがある」と注釈をつけています。

■「落選中」は誤りか

政治資金をめぐる数々の疑惑で辞任した農水相が「落選中に顧問」という見出しに、読者から誤りではないかと意見がありました。

『朝日新聞の用語の手引』（二〇一〇年、朝日新聞出版）では、「落選」は選挙の結果を示す語で、時間的継続が必然的な言葉ではないから「中」を付けても意味をなさない、としていました。最新版（一五年）では、「中」を付けるのは不自然と若干表現を変えていますが、「前回の選挙で落選の、と言い換えること」としています。

「～中」は動作を表す名詞について、その動作が継続していることを表します。例えば、「会議中」「休業中」「食事中」などで、動作に継続性があり、終わりがある言葉に付きます。「婚約中」は容認されますが「結婚中」は離婚を前提にした言葉なので違和感をもたれます。「落選中」も次に立候補しなければおかしな表現ですが、再度立候補して当選し、過去の出来事として「落選している期間」を指す場合には「落選中」も許容されるのではないでしょうか。

■粛々とは

沖縄の新基地建設問題で政府が「粛々と進める」と発言したことに対して、翁長知事が

「上から目線だ」と批判し、官房長官や首相が「もう使わない」と話題になった「粛々」。

国語辞書をみると、「静かでおごそかな様子」とありますが、実際は「予定通り着実に進める」という使われ方で、印象がかなり違います。

「粛」は「つつしむ」「おごそか」という意味があり、「厳粛」「静粛」「綱紀粛正」のように使われます。

「粛々」は中国の古典では、おごそかの他に、鳥の羽ばたき音の形容などにも用いられ、厳粛で引き締まった雰囲気を表す言葉でした。

日本では、江戸時代後期の文人である頼山陽《らいさんよう》が川中島の戦いを詠んだ、「鞭声《べんせい》粛々、夜《よる》河《かわ》を過《わた》る」の漢詩で有名になりました。上杉軍が、武田軍を奇襲するために、夜陰にまぎれて静かに川を渡り、鞭《むち》の音だけが聞こえるという情景を描写したものです。

この奇襲作戦を政治家が好み、批判をおそれずにやるべきことを成し遂げていくという意味で使うようになったといいます。三省堂は「何が起こっても、予定どおり着実におこなうようす」と新しい意味も載せるようになりました。

■元も子もない

なにもかもすっかり失うことを「元も子もない」といいます。「元」がなくなるのは分かりますが、どうして「子」もないというのでしょうか。

実はこの「子」は「子ども」という意味ではありません。「元」は元金、「子」は利子、利息のことで、投資した元金も利子もすべてなくなることからきています。

言葉を間違えて使えば、記事は元も子もなくなります。

■「足りない」「足らない」

保育所が「足りない」か「足らない」か、どちらを使いますか。

「足りない」は「足りる」の否定形、「足らない」は「足る」の否定の言い方で、どちらを使っても間違いではありません。

「足る」は奈良時代から使われてきましたが、「足りる」は江戸時代に生まれた比較的新しい言い方で、現在では多く使われています。

ただ「舌足らず」「一時間足らず」など否定の「〜ず」が付く場合は「足りず」とはなりません。これは「ず」が文語的であるため、古くから使われる「足る」に付くようです。

■「〜にくい」「〜づらい」

読者から、以前は「〜にくい」というのが一般的だったが、最近では「〜づらい」がよく使われているようだという意見が寄せられました。

「〜にくい」も「〜づらい」も「困難さ」を表す言葉ですが、意味は若干違うようです。漢字で書くと「づらい」は「辛い」、「にくい」は「難い」となります。そこから「〜づらい」は心理的な困難さを伴い、「〜にくい」は物理的な困難さを表すといいます。たしかに「壊れにくい」とはいいますが「壊れづらい」は使いません。

「〜にくい」は、すらすらとうまくいかない場合に、「〜づらい」は、不快になるときに使うとする辞書もあります。

第九章　紛らわしい同音異字、同訓異字

原稿が手書きのころは、宣と宜、網と綱など、似た字の間違いに注意が必要でしたが、パソコンになって変換ミスが増えました。

■「自任」「自認」

紛らわしい語に「自任」と「自認」があります。「自」は「みずから」、「任」は「引き受けて自分の役目・務めとする」ことで、「自分は、そのことを引き受けることについて、ふさわしい能力・資質などをもっていると思うこと」を意味します。「自負」と同じ意味です。

一方、「自認」とは「自分で認める」ことです。とくに「自分が犯した失敗や失策を認める」ことを指します。

大政治家を自任するのは結構ですが、政治的道義的責任を自認すべきで、彼は辞任が妥

当でしょう、などと使い分けます。

■「追及」「追求」

「追及」には「責任を追及する」のように「どこまでも追い詰める」意味と「先頭の走者を追及」など「追いかける」意味がありますが、よく使われるのは「追い詰める」の意味です。

「追求」は「追い求める」で、「利潤の追求」「幸福の追求」のように使います。

大企業はあくなき利潤の追求をするが、共産党はその社会的責任を追及する、のように使い分けます。

■「保障」「保証」

新聞づくりで、悩ましい同音異義語の一つが「保障」と「保証」です。

「保障」は「ある状態・地位に危険がないように守ること」で、「安全保障」「社会保障」のように使います。

「保証」は「人・物について、欠陥を生じた場合、他人に及ぼす損害の責任を引き受けること」で、「保証期間」「身元保証」「～という保証はない」と使います。

安全を「ほしょうする」場合、相手の「安全を守る」ときは「保障する」、相手に「安全は確かだよ」と請け合うときは「保証する」と、意味により使い分けることになります。

■「かいそうサラダ」の書き方は？

ヘルシーで人気の「かいそうサラダ」。漢字は「海草」「海藻」のどちらでしょうか。

「海草」は、アマモ、スガモなど花を咲かせて種をつくる植物をさし、主に砂地に群生します。

「海藻」はコンブ、ワカメなど胞子によって増える植物で、岩場などにくっついています。

「かいそうサラダ」の材料はワカメやヒジキなど海藻類なので「海藻サラダ」と書きます。紛らわしいので「海草」は「うみくさ」と呼ぶこともあります。「海草」のアマモはジュゴンが食べますが、私たち人間は食べません。

■「体制」「態勢」

「たいせい」も使い分けが難しい漢字です。一般的に「国家や社会など長期で恒久的なシステム」には「体制」を使い、「一時的、臨時的な構え」の場合は「態勢」としています。

ただ警備体制・態勢、二十四時間体制・態勢などは、意味によって使い分けています。選挙などの場合は「臨戦態勢」としています。

また「姿勢」をあらわす場合は、体勢不利、飛行機の着陸体勢など「体勢」を使います。

■「食糧」「食料」

農業問題でよく使われる「食糧」と「食料」ですが、その使い分けはどうでしょうか？「糧」は「かて、ねんぐ、ふち」の意味で、そこから「食糧」は米や麦など穀類を中心とした主食のことをいいます。かつては「食糧管理法」や「食糧庁」など「食糧」のついた法律や役所がありましたが、今では「食糧法」と「食料・農業・農村政策審議会食糧部会」くらいです。

一方「食料」は、本来は食事の材料のことで、肉、魚、野菜、果物など主食以外の食品をさします。明治時代の小説では「食事の代金」「食費」として使われていたそうです。

新聞では、食べ物全体は「食料」、穀物など主食は「食糧」と使い分けています。

■「探す」「捜す」

「見つけ出そうとしてあちこち見回しながら動く」意味の「さがす」。「犯人を捜す」「仕事を探す」と書き分けますが、その基準はなんでしょうか？

「捜す」は、見えなくなったもの、失ったものを見つけ出すことです。一方、「探す」は、欲しいものを見つけ出すときに使います。落とした財布は「捜し」ますが、新しい財布は「探す」ことになります。

■「返す」「帰す」

借りた本を「かえす」など元の状態に戻すことを「返す」と書きます。「野性にかえる」も元の状態が野性なので「返る」です。

「帰す」は「別の所へ行っていた人を、元の所へ戻す」ことで、「親元に帰す」「国へ帰る」と使います。

国語辞書によって「初心にかえる」は、「返る」、「帰る」、「かえる」と表記が違いますが、新聞では「初心に帰る」にしています。

■「調う」「整う」

「ととのう」は「調整」という熟語があるように、「調」も「整」も似た意味をもちますが、「調う」は「必要なものがそろう」ことで、「味・材料・資金」などが「調う」と使います。

「整う」は「乱れたところがない、きちんとする」意味で、「室内・環境・文章」などが「整う」となります。

したがって、同じ「道具をととのえる」でも、ちらかっていた道具を整理整頓する場合は「整える」、必要な道具をそろえる場合は「調える」と使い分けになります。

■「生む」「産む」

同じ読み方でも書き分けに困る漢字があります。「うむ」という漢字は広辞苑には八つあります。「生む」「産む」「倦む」「埋む」「熟む」「績む」「膿む」「有無」です。

このうち書き分けに悩むのが「生む」と「産む」です。広辞苑は同じ意味の言葉としていますが、新聞では使い分けます。

出産など、主に母親の側からの言い方としては「産む」を使い、「子どもを産む」のように書きます。誕生の場合は「赤ちゃんが生まれる」と「生」を使います。

■「跳ねる」「撥ねる」

「はねる」には、「油が跳ねる」など自動詞と、「水を撥ねる」など他動詞で、使い分けになります。「撥（ハツ・バチ）」は常用漢字ではないので、新聞では「はねる」と平仮名書きになります。

「はねかえる」は「跳ね返る」、「はねかえす」は「撥ね返す」→「はね返す」と書きます。

■「望む」「臨む」

もともと「のぞむ」の語源は一つですが、「望む」と「臨む」の二通りの書き方があり、当てる漢字によって意味が違ってきます。

「望む」は、遠くのほうを見る、願うという意味で、「望見」「希望」などの熟語があります。

「臨む」は、ある場所・場面に面する、行くという意味で、「臨海」「臨場」などの熟語があります。

「望む」は「～を望む」の形で使い、「みんなの望み」のように名詞にもなりますが、「臨む」は動詞だけで、「～に臨む」の形で使われます。

はるかに海をのぞむ場合は「望む」、海にのぞむ旅館の場合は「臨む」を使います。

■「利く」「効く」

クーラーや保険などが「きく」は「利く」か「効く」か、どちらがいいでしょうか。

「利」は、事が都合よく運ぶことを意味し、「利口、利用、便利」などの熟語になります。「効」は、実際の結果を出すように努力することを意味し、「効果、効能、有効」のように使われます。

新聞では「役に立つ、機能や能力を発揮する」意味では「利く」を使い、「ききめがある、効果が表れる」場合は「効く」を使います。クーラーや保険などは「利く」を使いますが、紛らわしい場合には平仮名書きにしています。わさびが「利く」とわさびの「効いた料理」など内容によって使い分けることにしています。

■「顧みる」「省みる」

「かえりみる」も「顧みる」「省みる」二通りの書き方があります。

「顧みる」は、「振り返る、気にかける」ことで、実際に後ろを見る場合と、過ぎ去ったことを抽象的に思う場合があります。「回顧、顧慮、顧問」です。

「省みる」は文字通り反省するという意味を持ちます。「自らを省みる」のように自分の行いについて後でじっくりと考えみてふりかえることです。

■「身に付く」「身に着く」

「つく」の漢字は「付・着・就・突・衝・点・尽・憑・搗・吐・撞」などたくさんありますが、新聞では「付く・着く・就く・突く」の四字を使います。なかでも「付く」と「着く」は、「付着」という語もあり紛らわしい。

「付」は「くっつく、仲間になる」の意味で「追い付く」「気が付く」「味方に付ける」などと使います。

「着」は「ある場所に到着する、身にまとう」ことで「東京に着く」「席に着く」と使います。

技術や知識などは「身に付ける」、腕章などは「身に着ける」です。「火をつける」は「着火」「点火」の熟語があるので「着ける」「点ける」となりそうですが、新聞では「火を付ける」と書きます。

■ひきのばすものは？

「のばす」は「伸ばす」「延ばす」があります。

「延」は「長くひきのばして進む」ことで、「延長・延期・遅延」のように「長くする、範囲が広がる、期日が遅れる」意味があります。

「伸」は「まっすぐにのびる」ことで、「伸縮・伸張・屈伸」のように使われます。

「ひきのばす」ものが回答や期限など時間的な場合は「引き延ばす」、写真など空間的な場合は「引き伸ばす」と書き分けます。

■「耐える」「堪える」

「忍耐」「堪忍」という語があるように、耐も堪も「もちこたえる、がまんする」ことなので、使い分けが難しい漢字です。

「こらえる」を意味する熟語には「耐久・耐乏・耐震・忍耐」など圧倒的に「耐」が使われるため、辛抱する意味では「耐える」を使います。

「任にたえる」のように「十分な能力がある」、「見るにたえる」のように「値打ちがある」意味では「堪える」を使います。また「気持ちを抑えることができない」という場合も「感に堪えない」のように「堪」を使います。

■「かたい」の漢字は？

「かたい」を漢字で書くと「固い」「堅い」「硬い」がありますが、どう書き分けるのでしょうか。漢字の構成から考えてみましょう。

「固（コ）」は、神への祈りの祝詞を入れる器を意味する「古」を囲むことから、祈りをかためる、外から動かされない意味の「かたい」になりました。

「堅（ケン）」は、「臣」「又」「土」に分かれます。「臣」は「大きな瞳」、「又」は「手」を表します。手をかざしてしっかり見るさまから「かたい・かしこい」の意味になり、そこから「かたい土、中が詰まって砕けにくいかたさ」をさします。

「硬（コウ）」は「石」「更」からできています。「更」は変更することで、それに「石」をつけて、簡単には変更しがたいことから「力を加えても形が変わらないかたさ」になりました。

ただこれだけでは判断に迷うので、反対語を考えると分かりやすい。

「固い―ゆるい」、「堅い―もろい」、「硬い―やわらかい」の関係になります。こう覚えれば、「財布のひもが固い」「ガードが堅い」「硬い顔つき」のように使い分けができます。

■「温かい」「暖かい」

「あたたかい」の書き分けはどうでしょうか。これも反対語を考えると分かりやすい。「温かい」は「冷たい」の反対語で、「温かいスープ」のように、主に食べ物について使われます。

「暖かい」は「寒い」の反対語で、「暖かい部屋」「暖かいセーター」のように、主に気象や気温に使います。

ただ「冷たい」か「寒い」かは、感じ方の違いもあります。「冷たい風」もあれば「寒い」と感じる風もあります。春は「暖かい風」ですが、冬は「温風ヒーター」のように「温かい風」も成り立ちます。

比喩的に使われる場合の「あたたかい」は、「冷たい」との対応になるので、「温かい家庭」「温かいもてなし」のように「温」を使います。

■「ごたぶんに漏れず」

「世間一般と同様に、例外ではなく」の意味の「ごたぶんに漏れず」。この「たぶん」は、「他聞」「多聞」「多分」のどれでしょうか。

「他聞」とは「他人に聞かれる」ことで、「他聞をはばかる（聞かれると都合が悪い）」と使います。

「多聞」は「多くの物事を聞き知っている」ことです。

「多分」には「多分、来るでしょう」というときの「おそらく」のほかに、「数量の多いこと、大部分」の意味があります。「ご」がついて、「人や勢力の大部分がつき従う」ことを表します。そこから「ご多分に漏れず」となり、普通、よくない意味で使われます。

■「かげが薄い」

「何となく元気がない、目立たない」意味の「かげが薄い」は、「陰」か「影」か、どちらでしょう。

「陰」は「隠れて見えないところ、光の当たらないところ」で、「陰干し」「陰の実力者」のように使います。

「影」は「光が遮られてできる黒い部分、光の反射で生じる姿・形」のほかに「光」そのものも指し、直接見えます。目立たなくても見えるので「影が薄い」となります。「島陰で見えない」、「島影が見える」という使い分けにもなります。

第十章　慣用句の使い方

■情けは人のためならず

昔から間違われやすい慣用句に「情けは人のためならず」があります。「情けをかけておくと、巡り巡って結局は自分のためになる」という意味ですが、逆に「結局その人のためにならない」ととらえる人が多くなっており、二〇一〇年度の国語調査でも半数近くにのぼっています。

誤解の原因は、「ためならず」を「ためにならず」と読んでしまうことからきています。「人のためならず」とは「人のためではない」、つまり「自分のためである」ことを指します。しかし「人のためにならず」となると、「人のためにならない」と否定の意味になってしまいます。

かなり前から誤用されていたようで、一九八二年の三省堂第三版にも「(あやまって)なさけをかけると、相手のためにならない」と注釈を入れていました。今でも辞書では

「誤り」とされています。

■流れに棹《さお》さす

誤解というのは広がるもので、「流れに棹さす」も本来の意味とは正反対で使われています。この「棹」は舟を操り前に進めるために使う長い棒のことで、そこから「流れに乗って、物事が思うままに進むこと」の意味になりました。それが今では「流されないように抵抗する」として使われています。二〇〇六年度の国語調査によれば、「時流に乗る」と答えた人は十七・五パーセント、「逆行する」は六十二・二パーセントと大きく逆転しています（二二年度調査では、差が若干縮まってきましたが、まだ「逆行」派が多数です）。

これは、川に棹を突き立てれば、流れに逆らっているように見えることや、「話の流れに水をさすようで悪いが」と使われる「水をさす」の連想などからこの解釈が広まってきたのでしょう。

しかしこれでは、夏目漱石の小説「草枕」の冒頭にでてくる「智《ち》に働けば角が立つ。情に棹させば流される」の意味がつかめなくなります。漱石は「情に逆らわずに身を任せれば流される」の意味で使っています。辞書でも「逆行する」は「誤り」としています。

■気が置けない

「気が置けない人」と聞いて、どういう相手を思い浮かべますか。「置けない」と否定形なので、「気が許せない人」のように受け取りそうになります。正しくは「遠慮する必要がなく、心からうちとけることができる人」のことです。肯定形の「気が置ける」は相手との間に自然に心づかいが置かれる、つまり「配慮が必要」ということで、その否定なので「安心していられる」ということになるのです。

二〇一二年度の国語調査では、「相手に気配りや遠慮をしなくてはならない」のほうが「遠慮しなくてよい」よりも多くなっていました。打ち消しの表現は、何かと悪い意味で受け取られるのでしょう。しかし意味が逆になるので、注意が必要です。

■火ぶたをきる

選挙が始まると、きまって「選挙戦の火ぶたが切られました」と使われます。この「火ぶたを切る」の語源は、江戸時代にさかのぼります。

火ぶたとは、火縄銃の火皿の火口《ほくち》を覆うふたのことです。このふたを開けて発火の準備をすることを「火ぶたを切る」といい、そこから戦いが始まる意味を持つようになりました。

よく「火ぶたが切って落とされました」という使い方も目にします。事を始める意味で「幕を切る」「幕を切って落とす」という言い方があり、意味も似ているため混用されて「火ぶたを切って落とす」も使われてきました。火ぶたを落としてしまったら、次から鉄砲が使えず意味をなしません。そのため、新聞用語では誤用とされてきました。

ところが、広辞苑では第四版から「火ぶたを切る」の語義に「火ぶたを切って落とす」を入れました。ただ第六版では「『幕を切って落とす』と混同して『火ぶたを切って落とす』ともいう」と注釈をつけました。

一方大辞林は第三版から、「火ぶたを切って落とす」と書き入れています。類語大辞典（〇二年）でも、「戦いの火ぶたが切って落とされた」と用例を示しています。

そのためか、大手新聞でもたまに見かけるようになりました。しかし、他の国語辞書では採用されず、「誤用である」と明示している辞書もあります。

ちなみに「口火を切る」の口火も、火縄銃の火ぶたに点火するための火のことで、「物事を始めるきっかけをつくる」意味です。どちらも鉄砲伝来で生まれた言葉です。「火ぶたを切って落とす」は使われ出していますが、「口火が切って落とされた」とは使われません。

■琴線に触れる

「私の一言が彼の琴線に触れた」という場合、彼は「感動した」のか、「急に怒りだした」のか、どちらの意味でしょうか。

二〇〇七年度の国語調査では、「感動、共鳴」が約三十八パーセント、「怒りを買ってしまう」が約三十六パーセントとなっていました。他方、意味が分からないという人も約二十五パーセントとなっています。

「琴線」とは楽器の琴の糸のことで、比喩的に物事に感動し共鳴する意味で使われる言葉です。不快な話題に触れることではありません。

形の似ている言葉に「逆鱗《げきりん》に触れる」があります。竜のあごの下にある一枚の逆さまに生えるという鱗《うろこ》に触ると、普段はおとなしい竜が怒ることから、目上の人の怒りを買う意味で使われます。これと混同しているのでは、ともいわれます。

■他山の石

「他人のつまらない言行や出来事でも自分を磨く参考になる」意味の「他山の石」。この言葉は、中国の『詩経』の「他山の石以《もっ》て玉を攻《おさ》むべし」によるもので、よその山から出た粗悪な石でも、自分の宝石を磨くのには役に立つということです。

ですから「良い手本」という意味で、「先輩のやり方を他山の石として」などと言ったら叱られます。

二〇一三年度国語調査では本来の意味は三割、「良い手本」は二割でしたが、最も多かったのは「意味が分からない」で、三割強を占めました。

■枯れ木も山のにぎわい

「つまらないものでも数に加えておけば無いよりはましだ」という意味の「枯れ木も山のにぎわい」。本来は自分のことをへりくだって言うときに使う言葉です。

二〇〇四年度の国語調査によると、「無いよりはましだ」と「人が集まってにぎやかになる」の回答がほぼ同じになりました。盛大にしようと悪気なく「部長もぜひ出席してください。枯れ木も山のにぎわいですから」と言ったものなら……。

■腐っても鯛

「本来すぐれた価値を持つものは、落ちぶれてもそれなりの値打ちがある」ことを指す「腐っても鯛」。価値が無くなったものには使いません。

相手を励まそうとして使うと、「俺は腐っているのか」「落ちぶれた」と取られかねないのでご用心。

■老骨に鞭《むち》打つ

年老いた体に鞭を打つようにして頑張ることを「老骨に鞭打つ」といいますが、これを「老体に鞭打つ」と間違われることがあります。

「老骨」とは、自らを謙遜していう言葉で、他人には使いません。「老体」は老人の敬称で「ご老体」「老体をいたわる」のように他人に使います。「老体」と「老骨」を同じ意味で載せている辞書もあるため混同されやすいのかもしれません。「老体に鞭打つ」だと虐待になるので、注意したい。

■馬齢を重ねる

自分のことをへりくだる言葉に「馬齢」があります。「なすこともなく老いる、無駄に年を取る」ことで、「先生も馬齢を重ねられて」とはいいません。

それにしても馬にまつわる言葉には「馬の骨」「馬脚を現す」「馬の耳に念仏」「生き馬の目を抜く」「馬鹿」など、よくない言葉が思い浮かぶのはどうしてでしょうか。

第十一章　新語・流行語・若者言葉

■真逆、がっつり――二〇一一年度の世論調査から

国語調査（国語に関する世論調査）は毎年行われていますが、二〇一一年度から初めて調査した言葉もいくつかあるので、すこしまとめて見てみましょう。

▽真逆

二〇一〇年、東京で開かれた高校生平和の集いで「平和のアピール」が出されました。そのなかに、「（平和な環境で暮らしている）私たちと真逆な生活を送っている人々がいます」という文章がありました。

さて「真逆」と書いてなんと読むのでしょうか。以前は当て字で「まさか」と読みましたが、今は「まぎゃく」と読みます。〇四年の流行語大賞の候補にもノミネートされました。

国語調査によると、「まったくの逆、正反対」を意味する「真逆」を使うのは、十代で

は六割を超え、二十代でも五割以上います。しかし全世代でみると二割にすぎません。もともと「正反対」という言葉があるのだから「新聞で安易に使うのはどうか」との意見も読者から寄せられています。

この言葉が最初に国語辞書に載ったのは〇八年の三省堂第六版で、その後、明鏡、岩波、新明解などにも載るようになってきました。小説の世界でも流行しているようで、浅田次郎、有川浩、荻原浩、佐々木譲、原田マハ、森浩美など、他にも多くの作家が使っています。朝日新聞の天声人語でも「真逆」が登場。ただ「まぎゃく」と読み仮名がつけてありました。文章語としても広がっていく言葉かもしれません。

▽半端ない

テレビでよく聞く言葉に「半端ない」というのがあります。「中途半端なことではない」を略した言い方です。「ものすごい」という意味で「半端ない」を使う人も全体では二割ですが、「真逆」と同様、十代は七割近く、二十代でも五割近くの人が使っています。

最近の辞書には「半端ではない」として載せ始めています。最初に載せたのは三省堂（〇八年、第六版）のようで、「程度がたいへん大きい、ものすごい」の意味で、「量が半端でない」と使います。第七版では「半端ない」として「ものすごい。ただ者ではない。パねぇ」として「一九九〇年代に例があり、二十一世紀になって広まった」と解説しています。明鏡では「近年若者間に『半端じゃない』を略して『半端ない』という言い方があるが、一般には避けたい」と説明、新明解は「口頭語では、『半端じゃない』の形で、……用いられる」と紹介しています。

▽がっつり

最近、「しっかり、たくさん食べる」ということを「がっつり食べる」と聞くことはありませんか。調査では「がっつり」は二十代で六割が使い、十代、三十代でも五割という結果がでました。

明鏡は「確かな手応えが感じられるさま」として「がっつり勉強した」、三省堂は「がっつり食べる」のほかに「しっかりと」の意味で「インドをがっつり旅行する」の例も示していますが、他の辞書にはまだあまり採用されていません。

明治の文豪、徳冨蘆花《とくとみろか》は「がっくり」の意味で「がっつり弱り申した」と使っていましたが、現在の「がっつり」は、「がっちり」「しっかり」などから生まれた北海道の方言ともいわれています。

▽まったり

「まったり」は、実はとても古い言葉で、奈良・平安時代にまでさかのぼります。「欠けたところがない」意味の「全《また》い」から生まれた言葉です。「味わいがまろやかでこくのある」ことを指し、京都地方の方言として残っていたものが、一九八〇年代のグルメブームで全国に広がり、九〇年代には「ゆっくりとくつろいでいる」意味にもなりました。若い世代だけでなく四十代も五割近くが使っており、広辞苑も第六版からこの意味を載せるようになりました。今後は一般化していく言葉でしょう。

▽にやける

「彼はいつもにやけている」の「にやける」です。本来の意味は「なよなよとしている」ですが、「薄笑いを浮かべている」と答えた人が七十六・五パーセントと圧倒的多数でした。ところがほとんどの国語辞書は「男が女のように色っぽい様子や姿をする」としか書いていません。角川必携国語辞典（一九九五年、角川書店）だけは「しまりのない顔で、にやにやする」をあげていました。三省堂は「〔『にや』を誤解して〕にやにやする」としています。「にやける」は、今でいう美少年をさす「若気《にやけ》」を動詞化した「にゃける」が、明治時代以降「ニヤニヤ」の類推から「にやける」と書かれるようになったといわれます。「にや」の音から「にやにやする」「にやつく」として、現在では広く使われているとする辞典もあります。

▽**失笑する・爆笑する**

本来は「こらえ切れず吹き出して笑う」意味の「失笑する」を、今では六割の人が「笑いも出ないくらいあきれる」と受け取っていました。

「失」には「失言」「失火」など、うっかり外に出してしまう意味があります。「笑いを失う」という意味ではないのですが、字面からそう取られやすいのでしょう。閣僚の失言にはあきれてしまいますから。

一方、「大勢の人が一度にどっと笑う」ことを「爆笑する」といいます。しかし「近年、一人で大声を上げて笑う場合にもいう」としている辞書もあらわれ、三省堂では「笑う人数が問題にされることが多いが、もともと、何人でもよい」としています。使われ方も広がってきているようです。

▽**割愛する**

「惜しいと思うものを手放す」意味の「割愛する」も、「不必要なものを切り捨てる」こと受け取る人が六十五・一パーセントを占めました。「割」は「断ち切る」、「愛」は「惜しむ」の意で「愛着の気持ちを断ち切る」ことです。惜しいものを手放したり、省略したりすることを指します。「時間の都合で割愛させていただきます」など「残念ながら」という気持ちがこめられていますが、国語調査の例文が「説明は割愛した」と単調なため、気持ちまでは分かりません。そのため「省略」を「切り捨てる」と受け取ってしまうのではないでしょうか。

▽何気に

以前から耳にする言葉に「何気に」があります。「何気なく外を見ていたら」を「何気に外を見ていたら」と言います。「これという意図もなく」という意味で使われ、広辞苑によると「一九八〇年代から、誤って使い始めた語形」とされます。「うれしげに」「悲しげに」の類推から生まれた言葉ともいわれます。

国語調査では「なにげなくそうした」を「なにげにそうした」と使う人は二十八・九パーセントでした。〇三年度は二十三・五パーセント、一九九六年度は八・八パーセントでしたから、広がりつつある言葉といえます。

最近では「思いのほか」「わりあいに」という意味に変化していて、「何気においしい」

「会場に何気に人が集まってきた」のように使われています。このような意味はもともとの「何気ない」にはなかったものです。いずれにしてもまだ違和感を覚える人が多い言葉です。

▽すごい

「すごい」は程度がはなはだしい意味の言葉で、プラスにもマイナスにも使います。名詞の前にくる場合は「すごい人」、形容詞などの前には「すごくおいしい」のようになりますが、最近では「すごいおいしい」の形で使われ、国語調査によると四十八・八パーセントにのぼりました。

国語辞書でも「話し言葉では、使うことがある」「俗用ながら、普通になった」と書くようになってきました。似た言葉に「えらい」があります。関西地方では、普通に「えらいおいしいなあ」と使われます。「すごい」「すごく」の区別もなくなっていくのではないでしょうか。

■号泣する

「大声を上げて泣く」ことを「号泣する」といいます。「号」は「怒号」「呼号」など「大声で叫ぶ」意味です。

しかし二〇一〇年度の国語調査によると「激しく泣く」と答えた人が「大声で泣く」を上回りました。たしかに号泣は「激しく泣く」ことですが、大声を上げなければ本来の意味とはズレてきます。「声も出さずに号泣していた」という表現はおかしいことになります。

■真水

政治記事で見かける言葉に「真水」というのがあります。「真水事業」などと書かれると、「海水から塩分を取り除く事業」のことかと思えば、そうではありませんでした。

この場合の「真水」とは、政府が直接負担する財政支出のことです。大辞林には、塩分のまじらない水から「転じて、政府が景気対策のために投じる公共事業費のうち、その年度に実際に支出されて、GNP拡大に寄与する部分を俗にいう語」と載せるようになってきました。三省堂は経済用語として「実質的な財政支出」と説明しています。

■前倒し

先日、読者から「復興特別法人税の前倒し廃止」と新聞に出ていたが、辞書では「前倒し」は「①前にたおすこと②予算で、主要な収入支出が、年度の早い時期に計上されていること」とあり少し違う、最近の使い方ですかという質問が寄せられました。

小泉元首相が終戦記念日前に靖国神社に参拝したときに「前倒し参拝」と話題になりましたが、「繰り上げ」の意味が広辞苑に載ったのは第四版からです。岩波によると「『繰り上げ』でも済むのに、一九七三年ごろに官庁俗語として現れたのが、広まった語」と解説しています。いまでは政治・経済用語として定着しています。

■後ろ倒し？

それでは反対語としての「後ろ倒し」はどうでしょうか。「赤旗」の記事データベースで調べると、二〇一二年に初めて登場し、目にする機会も増えてきました。

もともとは「就職活動の解禁時期を後ろにずらす」意味でしたが、最近ではＴＰＰの日米合意文書で「自動車関税を最大限後ろ倒しにする」と使われるようになってきました。「先送り」で十分だと思いますが、為政者や役人が嫌うのでしょうか。ほとんどの辞書には載っていませんが、大辞泉第二版には「『前倒し』に対して作られた語」として登場しました。「前倒し」のように定着するかどうか、注意深く見ていくことが必要です。

■腰折れ

消費税増税で政府が「景気が腰折れしないように」と使う「腰折れ」ですが、手元の辞書をみると「①年老いて腰の折れかがむこと②腰折れ歌の略」とあります。腰折れ歌とは和歌の言葉で下手な歌をいい、自分の歌を謙遜して、「ほんの腰折れでお恥ずかしいのですが」のように使います。

今では「景気の腰折れ」として使われています。邪魔をして途中からだめにする意味の「話の腰を折る」から生まれたのではないでしょうか。「とちゅうからだめになること」（三省堂）と新しい意味が載りました。

■深掘り

政治家や役人が使う言葉に「深掘り」というのがあります。パソコンで変換しても「深堀」しかでてきません。十年以上前の「赤旗」で、「大蔵省は、『産業再生』法でまけてやったうえに、さらに大幅減税することを『深掘り』と呼んでいます」と説明。大辞林には「①何かを深く掘ること②何かを深く追求すること」と載るようになり、「税目ごとの論点の深掘り」のように使われています。

大辞林には「③転じて、…すでにあるものに対し密接な関係を築くこと」としていますが、この意味での使われ方は新聞ではまだ見たことがありません。

■「チンする」「サボる」

二〇一三年度の国語調査が発表されました。「チンする」（電子レンジで加熱する）、「サボる」（なまける）のように擬音や名詞などの末尾に「る」「する」をつけて使う言葉が定着する一方、三省堂で「戦前からあることばで、現在も使う」と解説されている「タクる」（タクシーに乗る）は、聞いたことがない人が圧倒的でした。

「お茶する」は三十〜四十代で約九割が使っていますが、若い世代では「スタバる」（スターバックスに入る）など店の名前をつけて使います。最近では「ググる」というのもあります。インターネットの検索サイト「グーグル」で検索することをいいます。

では「しくじる」意味の「とちる」はどうでしょうか？　これは植物の「栃」からきています。栃の実を粉にして麺にのばす棒を栃麺棒といいます。栃は冷えると固まりやすいため急いで棒を使うことから、あわてることを「とちめく」、そこから「とちる」が生まれたそうです。

なんでもかんでも「る」をつけるのには閉口しますが、日本人は昔から「〇〇る」が好きだったようです。

■なので

「僕はサッカーが好きです。なので中学にいったらサッカーと勉強を頑張ります」——二〇〇八年の小学校卒業式での子どもたちの発言でした。

最近、「なので」から始まる言い方が、若者に流行しているといいます。実際に耳にしたのは初めてでしたが、かなり違和感がありました。

「サッカーが好きなので、……」と続くのが従来の使い方だからです。

この用法は「だから」という接続詞が、「〜だから」という接続助詞から生まれた過程と同様の変化だといわれています。

若者に定着しているのを反映して、新語採録に熱心な三省堂第六版で「〔前を受けて〕そうであるから。だから」と載せました。その後、明鏡、新明解にも採録されています。これほどまでに広がったことについて、「だから」が理詰めで強い感じをもつのに対して、「なので」はやわらかなニュアンスがある、と明鏡は解説しています。

＊　＊　＊

言葉は時代とともに使われ方が変化していきます。言葉は相手に伝わることが大切です。最初から間違いだと決めつけるのではなく、どのように使われているのか、これからも耳をすまして聞いてみたいと思います。

索引

それぞれ、語句を解説している節見出し部分のページを示しています。

〔　あ　〕

〔　い　〕

〔　う　〕

〔　え　〕

〔　お　〕

〔　か　〕

〔　き　〕

〔 く 〕

〔 け 〕

〔 こ 〕

〔 さ 〕

〔 し 〕

〔 す 〕

〔 せ 〕

河邑哲也（かわむら・てつや）
1960年生まれ。1985年しんぶん赤旗編集局入局。
2000年から校閲部長を務める。

「赤旗《あかはた》」は、言葉《ことば》をどう練《ね》り上《あ》げているか

2015年 9 月10日　初　版
2015年10月20日　第 2 刷

著　者　河　邑　哲　也
発行者　田　所　　稔

郵便番号　151-0051　東京都渋谷区千駄ヶ谷 4-25-6
発　行　所　株式会社　新　日　本　出　版　社
電話　03（3423）8402（営業）
03（3423）9323（編集）
info@shinnihon-net.co.jp
www.shinnihon-net.co.jp
振替番号　00130-0-13681
印刷・製本　光陽メディア

落丁・乱丁がありましたらおとりかえいたします。

ISBN978-4-406-05932-9　C0081　Printed in Japan